마인크래프트
마법과 물약 가이드

First published in Great Britain in 2018 by Farshore
An imprint of HarperCollinsPublishers
1 London Bridge Street, London SE1 9GF
www.farshore.co.uk

Written by Stephanie Milton
Additional material by Marsh Davies
Designed by Joe Bolder
Illustrations by Ryan Marsh and Joe Bolder
Cover designed by John Stuckey
Product ion by Louis Harvey
Special thanks to Lydia Winters, Owen Jones, Junkboy,
Martin Johansson, Marsh Davies and Jesper Öqvist .

This edition is published by arrangement with Farshore,
through Kids Mind Agency, Korea

MOJANG
STUDIOS

1판 4쇄 2022년 9월 15일
ISBN 978-89-314-5694-3

발행인 김길수
발행처 (주)영진닷컴
주 소 서울특별시 금천구 가산디지털1로 128 STX-V타워 4층 401호
등 록 2007. 4. 27. 제16-4189호

Staff 번역 이주안 / 진행 김태경 / 편집 김효정

MOJANG

MINECRAFT

마인크래프트

🧪 마법과 물약 가이드

차례

1. 마법 부여

2. 물약

3. 고급 마법

소개

곡괭이 같은 도구와 의욕적인 마음가짐만 가지고 있다면 이론적으로는 마인크래프트 세계를 헤쳐 나갈 수 있습니다. 그러나 현실적으로는 불가능합니다. 대부분의 대담한 모험가들은 보관함에 아이템을 가득 채운 채 어두운 동굴 속에 빠지고 몬스터들의 밥이 되는 신세가 됩니다. 이렇게 되지 않으려면 잘 알려지지 않은 장비들을 갖추고 여행을 떠나야 합니다. 장비에 신비로운 마법을 부여해 강력한 폭발로부터 피해를 줄이고, 상대에게 더 치명적인 피해를 입히고, 물속에서 더 오랫동안 숨을 쉴 수 있게 만들고, 스폰된 후 목적지까지 이동하는 사이 물약을 마셔 힘을 키우는 방법에 대해 배워봅시다. 이 책을 읽으면 마법학의 신비로움에 대해 알 수 있을 것입니다.

마시 데이비스(MARSH DAVIES)
모장(MOJANG) 팀

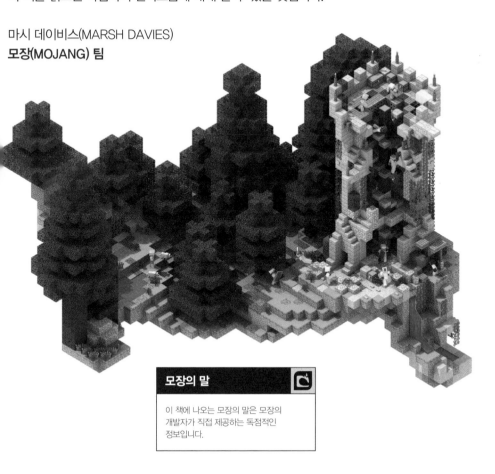

모장의 말

이 책에 나오는 모장의 말은 모장의 개발자가 직접 제공하는 독점적인 정보입니다.

1

마법 부여

마법 부여의 신비로운 과정이 초보자들에게는 어려운 일처럼
보이겠지만 장비만 제대로 갖추고 있다면 정말 쉽게 할 수
있습니다. 운 좋게도 여러분들은 마법 부여를 하는 데 필요한
모든 재료를 오버월드에서 찾을 수 있습니다. 지금부터 마법을
부여하는 방법에는 어떤 것이 있는지, 각 아이템에 무슨 마법을
부여할 수 있는지, 그리고 각 마법을 언제 사용하는 게 좋은 지
알아봅시다.

마법 부여학

마법은 아이템의 성능을 개선시키거나 특별한 능력 또는 용도를 추가해주는 신비한
존재입니다. 마법을 잘 활용하면 서바이벌 모드에서 생존하는 데 큰 도움이 됩니다.
마법을 부여하는 과정은 상당히 복잡하므로 마법 부여를 시작하기 전에 마법 부여학을
제대로 배우는 것이 중요합니다.

모장의 말

마인크래프트를 플레이하다 보면 경험치를
얻을 수 있습니다. 마법 점수라고도 부르는
이것은 여러분의 장비를 강화할 때 반드시
필요합니다.

마법을 부여하는 방법

아이템에 마법을 부여하는 방법에는 3가지가 있습니다.

1 경험치 청금석을 내고 마법 부여대를 사용하여 아이템에 마법을 붙일 수 있습니다. 마법 부여대를 사용할 때마다 3개의 마법 부여 옵션 중 하나를 고를 수 있습니다.

2 모루를 사용하여 서로 다른 마법이 부여된 같은 아이템 2개를 하나로 합칠 수 있습니다. 경험치를 내고 2개의 마법이 부여된 아이템 하나를 만들 수 있습니다.

3 모루를 사용하여 마법이 부여된 책을 마법이 부여되지 않은 아이템에 붙여 마법이 부여된 아이템을 만들 수 있습니다. 책에 여러 개의 마법이 부여되어 있다면 아이템에도 여러 개의 마법이 부여됩니다. 이렇게 마법을 부여할 때도 경험치를 내야 합니다.

모장의 말

마법은 무작위로 부여됩니다. 혹시 마법 부여대에 뜬 마법들이 마음에 들지 않나요? 다른 마법 부여대를 만든다고 다른 마법이 뜨지는 않습니다. 값싼 아이템에 마음에 들지 않는 마법을 부여하고 여러분의 운을 다시 시험해보세요.

마법을 부여할 수 있는 아이템

마법이 부여된 아이템은 환상적인 보랏빛이 감돌게 됩니다. 대부분의 갑옷과 도구, 무기, 심지어 책에도 마법을 부여할 수 있습니다. 대부분의 아이템은 마법 부여대나 모루를 통해 마법을 부여할 수 있으나, 몇몇 아이템은 모루를 통해서만 마법을 부여할 수 있습니다.

기호

마법 부여대를 통해 마법을 부여할 수 있음

모루를 통해 마법을 부여할 수 있음

투구

흉갑

활

각반/바지

부츠

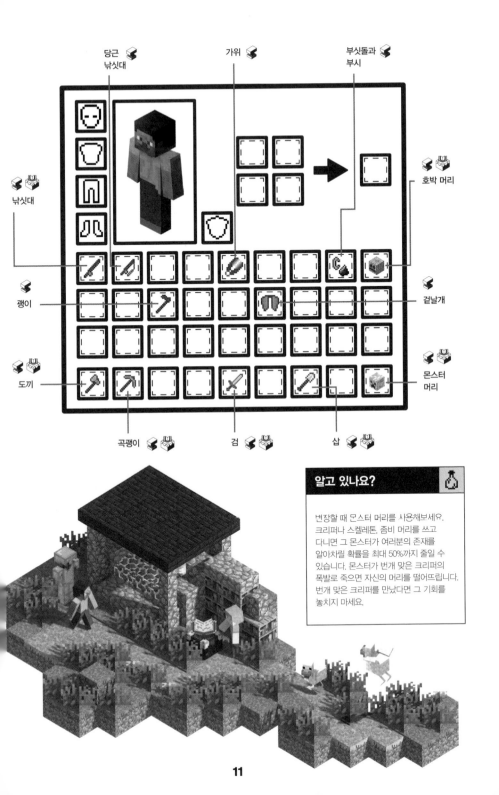

당근 낚싯대

가위

부싯돌과 부시

낚싯대

호박 머리

괭이

겉날개

도끼

몬스터 머리

곡괭이

검

삽

알고 있나요?

변장할 때 몬스터 머리를 사용해보세요. 크리퍼나 스켈레톤, 좀비 머리를 쓰고 다니면 그 몬스터가 여러분의 존재를 알아차릴 확률을 최대 50%까지 줄일 수 있습니다. 몬스터가 번개 맞은 크리퍼의 폭발로 죽으면 자신의 머리를 떨어뜨립니다. 번개 맞은 크리퍼를 만났다면 그 기회를 놓치지 마세요.

마법 능력 레벨

마법 능력 레벨은 마법의 이름 옆에 로마 숫자로 표시됩니다. 대부분의 마법들은 능력 레벨이 1단계(I)나 3단계(III) 까지 있고, 일부 마법은 능력 레벨이 5단계(V)까지 있기도 합니다. 마법별 최대 능력 레벨에 대한 자세한 정보는 24-35쪽을 참고하세요.

능력 레벨이 높을수록 강력한 마법입니다.

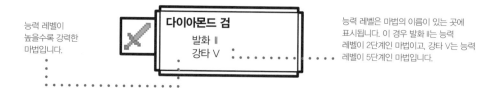

다이아몬드 검

발화 II
강타 V

능력 레벨은 마법의 이름이 있는 곳에 표시됩니다. 이 경우 발화 II는 능력 레벨이 2단계인 마법이고, 강타 V는 능력 레벨이 5단계인 마법입니다.

마법 부여 비용

유감스럽게도 마법은 무료로 얻을 수 없습니다. 마법을 붙일 때마다 다양한 비용을 내야 합니다.

마법을 부여하려면 채굴, 몹 또는 플레이어 제거, 동물 교배, 낚시나 화로 사용을 통해 모은 경험치를 내야 합니다.

마법 부여대에서 마법을 부여하려면 일정량 이상의 경험 레벨을 가지고 있어야 합니다. 높은 경험 레벨을 요구하고 있는 마법은 강력한 마법이거나 여러 개의 마법을 부여할 수 있는 마법일 확률이 높습니다. 다만 마법이 부여되는 과정은 무작위로 정해지기 때문에 맹신해서는 안 됩니다.

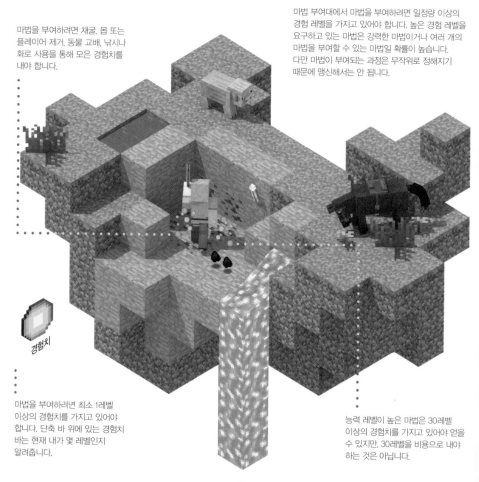

경험치

마법을 부여하려면 최소 1레벨 이상의 경험치를 가지고 있어야 합니다. 단축 바 위에 있는 경험치 바는 현재 내가 몇 레벨인지 알려줍니다.

능력 레벨이 높은 마법은 30레벨 이상의 경험치를 가지고 있어야 얻을 수 있지만, 30레벨을 비용으로 내야 하는 것은 아닙니다.

경험치를 많이 가지고 있을수록 높은 능력 레벨의 마법을 얻을 가능성이 높아지지만 이것이 유일한 요인은 아닙니다. 책장이 마법 부여대에 미치는 영향에 대한 자세한 정보는 20–21쪽을 참고하세요.

이 경우 마법을 아이템에 부여하려면 13레벨 만큼의 경험치가 필요하지만, 2레벨 만큼의 경험치와 청금석 2개를 지불하면 아이템에 이 마법을 부여할 수 있습니다.

마법 가중치

모든 마법에는 마법 가중치가 존재합니다. 마법 가중치는 어떤 아이템에 마법을 부여할 때 옵션으로 표시될 가능성을 알려줍니다. 마법의 가중치가 높을수록 마법 부여대에서 나타날 확률이 높아집니다. 24–35쪽에서 각 마법의 가중치가 몇인지 확인할 수 있습니다.

1차 아이템과 2차 아이템

1차 아이템은 서바이벌 모드에서 마법 부여대를 통해 마법을 부여할 수 있는 아이템을, 2차 아이템은 마법 부여대를 통해서는 부여할 수 없지만 모루를 통해 마법이 부여된 책을 직접 아이템에 붙이는 방법으로는 마법을 부여할 수 있는 아이템을 의미합니다. 보다 자세한 정보는 22–23쪽을 참고하세요.

마법 부여력

아이템과 재료에 따라 마법 부여력이 달라집니다. 아이템의 마법 부여력이 높을수록 하나의 아이템에 여러 개의 마법이 부여될 확률과 높은 능력 레벨의 마법이 부여될 확률이 높아집니다. 아래의 표는 다양한 재료와 아이템의 마법 부여력을 상대적으로 나타낸 것입니다.

재료	갑옷의 마법 부여력	검 및 도구의 마법 부여력
나무	해당 없음	15
가죽	15	해당 없음
돌	해당 없음	5
철	9	14
사슬	12	해당 없음
다이아몬드	10	10
금	25	22
책	1	1

보시다시피 금으로 만든 아이템이 제일 높은 마법 부여력을 가지고 있어 가장 쉽게 마법을 부여할 수 있습니다. 그러나 금으로 만든 아이템은 내구성이 매우 약해 빠르게 낡아집니다. 반면 다이아몬드는 낮은 마법 부여력을 가지고 있지만 가장 내구성이 강해 금보다 오래 사용할 수 있습니다.

사슬 갑옷은 직접 제작할 수 없고 마을 주민과의 거래를 통해서만 얻을 수 있습니다.

보물 마법

보물 마법은 마법 부여대를 통해서는 얻을 수 없는 매우 희귀한 마법입니다. 어디에 보물 마법이 숨어있는지 알아 두면 여러분은 보물 마법이 부여된 아이템을 쉽게 발견할 수 있을 것입니다.

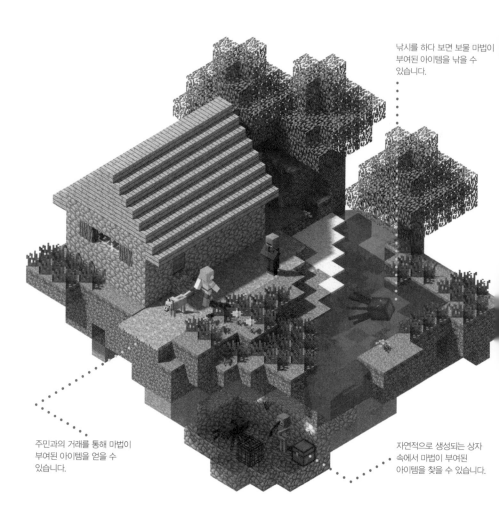

낚시를 하다 보면 보물 마법이 부여된 아이템을 낚을 수 있습니다.

주민과의 거래를 통해 마법이 부여된 아이템을 얻을 수 있습니다.

자연적으로 생성되는 상자 속에서 마법이 부여된 아이템을 찾을 수 있습니다.

다중 마법

운이 좋으면 마법 부여대를 통해 마법을 부여할 때 하나 이상의 마법을 아이템에 붙일 수 있습니다. 그러나 어떤 마법이 추가로 붙는지 마법을 부여하기 전까지는 알 수 없습니다. 하나의 아이템에 최대 5 종류의 마법을 붙일 수 있습니다.

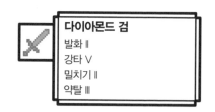

다이아몬드 검
발화 Ⅱ
강타 Ⅴ
밀치기 Ⅱ
약탈 Ⅲ

마법의 충돌

일부 마법은 다른 마법과 충돌하기 때문에 하나의 아이템에 같이 부여할 수 없습니다. 마법을 부여하다가 절망감에 빠지고 싶지 않으면 아래의 원칙을 꼭 기억해두세요.

1 모든 마법은 그 자체와 충돌합니다. 하나의 아이템에 똑같은 마법 2개를 부여할 수 없습니다.

2 모든 보호 마법은 다른 보호 마법과 충돌합니다. 한 아이템당 오직 한 개의 보호 마법만 부여할 수 있습니다. 보호 마법에는 가벼운 착지, 발사체로부터 보호, 폭발로부터 보호, 화염으로부터 보호 그리고 보호가 있습니다.

3 모든 공격 마법은 다른 공격 마법과 충돌합니다. 한 아이템당 오직 한 개의 공격 마법만 부여할 수 있습니다. 공격 마법에는 날카로움, 강타 그리고 살충이 있습니다.

4 섬세한 손길과 행운 마법은 서로 충돌합니다.

5 물갈퀴와 차가운 걸음 마법은 서로 충돌합니다.

6 수선과 무한 마법은 서로 충돌합니다.

갑옷에서 사용할 수 있는 보호 마법

아래의 표는 각 보호 마법의 마법 보호 지수(Enchantment Protection Factor), 줄여서 EPF를 나열한 것입니다. 보호 마법이 부여된 투구와 흉갑 그리고 각반과 부츠를 모두 입으면 최대 EPF인 20 EPF에 도달합니다. EPF가 20이 되면 자신에게 오는 피해를 최대 80%까지 줄일 수 있습니다.

아래의 표는 각 보호 마법의 EPF가 몇인지 보여주고 있습니다.

마법	피해를 줄여주는 경우	EPF 레벨 I	EPF 레벨 II	EPF 레벨 III	EPF 레벨 IV
보호	모든 상황에서	1	2	3	4
화염으로부터 보호	불, 용암, 블레이즈의 화염구	2	4	6	8
폭발로부터 보호	폭발	2	4	6	8
발사체로부터 보호	화살, 가스트와 블레이즈의 화염구	2	4	6	8
가벼운 착지	낙하 피해	3	6	9	12

자원을 아끼고 싶나요? 갑옷 3개만 입어도 특정 피해를 최대한으로 줄일 수 있습니다. 예를 들어 폭발로부터 보호 IV가 부여된 갑옷 2개(각각 8 EPF)와 보호 IV가 부여된 갑옷 한 개(4 EPF)를 입으면 폭발 피해를 최대 20 EPF만큼 막을 수 있습니다. 각 보호 마법에 대한 자세한 설명은 24, 27, 28, 32쪽을 참고하세요.

마법 부여대
사용 방법

마법이 부여되지 않은 아이템에 마법을 부여하는 가장 일반적인 방법은 마법 부여대를 사용하는 것입니다. 이 신비한 블록은 제작하는 데 비싼 재료가 필요하지만 그만한 가치를 지니고 있습니다.

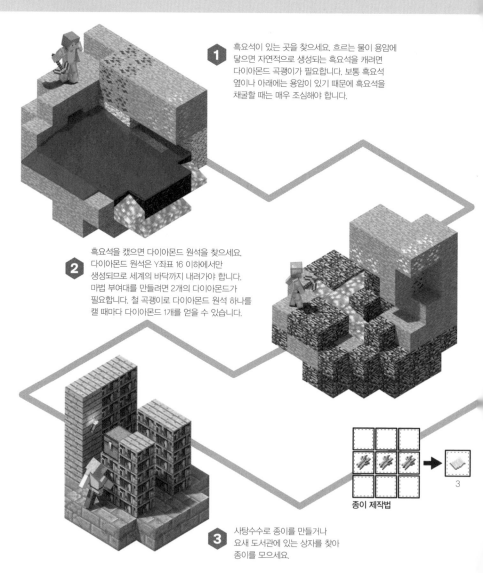

1 흑요석이 있는 곳을 찾으세요. 흐르는 물이 용암에 닿으면 자연적으로 생성되는 흑요석을 캐려면 다이아몬드 곡괭이가 필요합니다. 보통 흑요석 옆이나 아래에는 용암이 있기 때문에 흑요석을 채굴할 때는 매우 조심해야 합니다.

2 흑요석을 캤으면 다이아몬드 원석을 찾으세요. 다이아몬드 원석은 Y좌표 16 이하에서만 생성되므로 세계의 바닥까지 내려가야 합니다. 마법 부여대를 만들려면 2개의 다이아몬드가 필요합니다. 철 곡괭이로 다이아몬드 원석 하나를 캘 때마다 다이아몬드 1개를 얻을 수 있습니다.

종이 제작법

3 사탕수수로 종이를 만들거나 요새 도서관에 있는 상자를 찾아 종이를 모으세요.

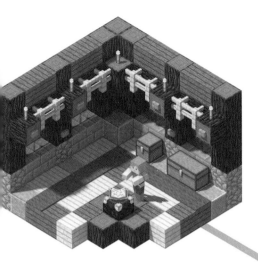

청금석

아이템에 마법을 부여하려면 비용으로 청금석을 지불해야 합니다. 그러므로 마법 부여를 시작하기 전에 먼저 청금석을 많이 모아두는 것이 좋습니다. 청금석 원석은 Y좌표 31 이하에서 생성됩니다. 돌 곡괭이나 그 이상의 곡괭이로 캐면 4~8개의 청금석을 얻을 수 있습니다.

알고 있나요?

마법 부여대는 신비한 힘을 가지고 있어 여러분들의 존재를 감지합니다. 마법 부여대에 다가가면 책상 위에 있는 책이 여러분이 있는 쪽을 바라보면서 스스로 펼쳐질 것입니다.

6 적당한 곳을 찾아 마법 부여대를 설치하세요. 나중에 높은 능력 레벨의 마법을 얻을 수 있도록 책장을 설치할 여유가 있는 곳에 설치하는 것이 좋습니다. 책장이 마법 부여대에 미치는 영향에 대한 자세한 정보는 20~21쪽을 참고하세요.

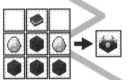

마법 부여대 제작법

5 종이와 가죽으로 책을 만드세요. 이제 마법 부여대를 제작하는 데 필요한 모든 재료를 모았습니다.

4 가죽을 모으세요. 소나 무시룸, 말, 라마를 죽이면 가죽을 얻을 수 있습니다.

책 제작법

마법 부여대 사용하기

마법 부여대도 준비되었고 손에 쥘 수 있는 모든 청금석도 확보했습니다.
이제 아이템에 마법을 부여할 모든 준비가 끝났습니다. 이번에는 이 초자연적인 블록이 어떻게
작동하는지 자세히 살펴봅시다.

마법 부여대를 우클릭하면 아래와 같은 인터페이스를 볼 수 있을 것입니다.
마법을 부여할 아이템을 빈 아이템 슬롯에 놓으면 오른쪽에 3개의 마법 부여 옵션이 나타납니다.

마법 부여 옵션은 표준 은하계 알파벳으로 쓰여 있습니다. 옵션 위에 마우스를 가져다 대면 아이템에 부여될 마법의 이름을 볼 수 있습니다. 미리 볼 수 있는 마법의 이름은 한 개뿐이지만 한 개 이상의 마법이 부여될 수도 있습니다.

아이템에 마법을 부여하기 위해 필요한 경험 레벨(충분한 경험 레벨을 가지고 있으면 마우스를 옵션 위에 가져다 두었을 때 '마법 부여 레벨'이라고 표시되고, 충분한 경험 레벨을 가지고 있지 않으면 '몇 레벨 필요'라고 표시됨)은 각 마법의 오른쪽에 표시됩니다.

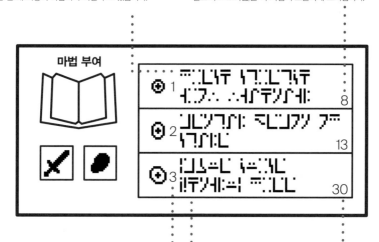

각 마법의 왼쪽에 적힌 숫자는 얼마나 많은 경험 레벨과 청금석을 지불해야 하는 것인지 알려줍니다.

제일 낮은 레벨의 마법(항상 맨 위에 뜸)을 얻으려면 1레벨과 청금석 1개를, 중간 레벨의 마법을 얻으려면 2레벨과 청금석 2개를, 제일 높은 레벨의 마법(항상 맨 아래에 뜸)을 얻으려면 3레벨과 청금석 3개를 내야 합니다.

여러분이 보유한 경험 레벨과 같거나 낮은 레벨을 요구하는 마법만 선택할 수 있습니다. 경험치 바를 통해 여러분이 현재 몇 레벨인지 확인하고 나서 마법 부여를 진행하세요.

사용 가능한 마법 부여 옵션 중 하나를 선택하면 이상한 소리가 들리면서 청금석과 함께 마법 부여 옵션이 사라지고 아이템에 마법이 부여될 것입니다. 이제 새롭게 마법이 부여된 아이템을 다시 보관함으로 가져오세요.

표준 은하계 알파벳

표준 은하계 알파벳은 커맨더 킨 게임에서 처음으로 사용한 비밀스러운 룬(Runes) 문자입니다. 마법 부여대에 표시되는 룬 문자들은 3~5개의 단어를 임의로 조합한 것으로 실제 마법과는 관련이 없고 단순히 장식용으로 표시되는 것입니다.

책장

마법 부여대는 주변에 있는 책장에서 마력을 끌어와 높은 레벨의 마법을 사용할 수 있게
해주는 기묘한 능력을 가지고 있습니다. 이것이 이루어지는 원리는 정확히 밝혀지지
않았습니다. 책장 없이 마법 부여를 하면 8레벨 이상을 요구하는 마법을 얻을 수 없습니다.
그러나 책장을 설치하고 마법 부여를 하면 최대 30레벨을 요구하는 마법을 얻을 수 있습니다.

책장 제작법

17쪽에 있는 책 만드는 방법을 참고하여 책을 만들고, 나무 판자와 책을
조합하여 책장을 만드세요. 높은 레벨의 마법을 얻으려면 적절한 위치에 15개의
책장을 설치해야 합니다. 여기에 있는 사각형 서고와 코너형 서고 중 마음에
드는 것을 선택해 만들어보세요.

사각형 서고
사각형 서고는 15개의 책장을 정사각형
모양으로 배치한 것입니다.

1 마법 부여대와 책장 사이에는 반드시 1개의
공기 블록이 있어야 합니다. 양탄자도 책장의
힘을 무력화시키므로 마법 부여대와 책장
사이에 설치하면 안 됩니다.

2 책장은 NPC 마을의 도서관이나 요새의 도서관, 그리고 삼림
대저택에서 찾을 수 있습니다. 책장을 도끼로 부수면 책을 얻을 수
있습니다. 책은 나무 판자와 조합하여 새로운 책장을 만드는 데 사용할
수 있습니다.

코너형 서고

코너형 서고는 2개의 책장을 서로 겹쳐 쌓아 총 16개의 책장을 배치한 것입니다. 코너형 서고를 만들면 가장 높은 레벨의 마법을 얻는 데 필요한 책장보다 한 개를 더 설치하게 됩니다.

알고 있나요?

마법 부여대가 제안해준 마법을 바꾸고 싶나요? 마법 부여대와 책장 사이에 횃불을 설치해보세요. 마법 부여대에 마력을 전달하려면 책장과 마법 부여대 사이에 반드시 공기 블록이 있어야 하기 때문에 그 사이에 횃불을 설치해두면 횃불 앞에 있는 책장이 비활성화되어 마법 부여대에게 마력을 전달해주지 못합니다.

3 책장 1개를 설치할 때마다 마법을 사용하는 데에 필요한 경험 레벨의 양을 1레벨에서 최대 2레벨까지 높일 수 있습니다. 마법 부여대 옆에 15개의 책장을 설치하면 최대치인 30레벨을 요구하는 마법을 얻을 수 있습니다.

4 책장에서 마법 부여대로 룬 문자가 이동하는 것이 보인다면 책장이 마법 부여대에게 정상적으로 마력을 전달하고 있는 것입니다.

5 마법 부여대와 같은 높이에 있거나 한 블록 높은 곳에 있는 책장만 마법 부여대에게 마력을 전달할 수 있습니다.

모루 사용 방법

모루를 사용하여 아이템에 마법을 부여하는 방법에는 2가지가 있습니다. 마법이 부여된 책을 마법이 부여되지 않은 아이템에 붙이는 방법과 서로 다른 마법이 부여된 동일한 아이템 2개를 하나로 합치는 방법이 있습니다.

모루를 제작하려면 3개의 철 블록과 4개의 철괴가 필요합니다.

모루

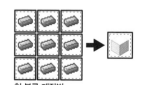

철 블록 제작법

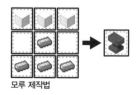

모루 제작법

1. 마법이 부여된 책을 마법이 부여되지 않은 아이템과 합치기

마법이 부여된 책은 특정 마법만 아이템에 부여하고 싶을 때 사용하면 좋습니다. 탐험을 하다 보면 마법이 부여된 책을 만나볼 수 있을 것입니다. 경험치는 많지만 당장 마법을 부여할 아이템이 없다면, 책에 마법을 부여하고 저장해 두었다가 나중에 마법을 부여할 아이템이 생겼을 때 사용할 수 있습니다.

마법이 부여된 책

마법 부여대를 통해 일반적인 책에 마법을 부여할 수 있습니다. 다른 아이템과 마찬가지로 3가지 옵션이 주어지며, 하나의 책에 여러 개의 마법이 부여될 수도 있습니다.

책에 부여된 마법이 마법을 부여하고자 하는 아이템에서 사용할 수 있는 마법이 맞는지 확인하세요. 예를 들어 호흡 마법이 부여된 책은 헬멧에만 붙일 수 있습니다. 책에 여러 개의 마법이 부여되어 있는 경우, 사용할 수 있는 마법만 아이템에 적용됩니다. 페이지를 몇 장 더 넘기면 무슨 마법을 어떤 아이템에 부여할 수 있는지 확인할 수 있습니다.

모루를 우클릭하고 첫 번째 슬롯에 마법을 부여하고자 하는 아이템을 놓은 다음, 두 번째 슬롯에 마법이 부여된 책을 놓으세요. 그러면 마법이 부여된 아이템이 맨 오른쪽에 있는 결과물 슬롯에 나타나고, 내야 하는 경험치의 양이 아래쪽에 표시됩니다.

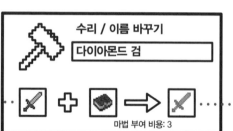

수리 / 이름 바꾸기

다이아몬드 검

마법 부여 비용: 3

마법이 부여되면 책은 사라지고 결과물 슬롯에 마법이 부여된 아이템만 남게 됩니다.

마법이 부여된 책은 요새나 정글 사원, 사막 사원,
던전, 폐광, 삼림 대저택에서 발견할 수 있습니다.
이외에도 낚시나 마을 사서 주민과의
에메랄드 거래를 통해서도 마법이 부여된
책을 얻을 수 있습니다.

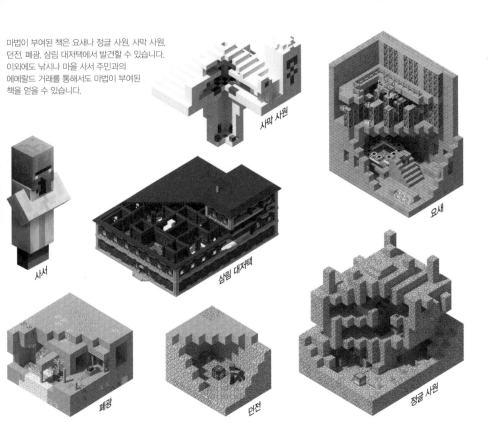

사막 사원

요새

사서

삼림 대저택

폐광

던전

정글 사원

2. 서로 다른 마법이 부여된 동일한 아이템 2개를 합치기

한 번 마법을 부여한 아이템은 마법 부여대를 통해 다시 마법을 부여할 수 없습니다. 대신 모루를 사용하면 서로
다른 마법이 부여된 동일한 2개의 아이템을 하나로 합칠 수 있습니다. 경험치만 충분히 가지고 있으면 모루를
통해 두 아이템에 붙어 있던 마법이 부여된 아이템을 얻을 수 있습니다.

약간 손상된 모루

심각하게 손상된 모루

알고 있나요?

사용할 때마다 모루는 손상됩니다. 대부분의
모루는 25번 사용하면 완전히 파괴됩니다.
모루가 손상된 흔적을 찾아보세요. 모루가
심각하게 손상된 것처럼 보인다면 새로운
모루를 만들 때가 된 것입니다.

마법이 부여된 아이템 수리하기

모루를 통해 마법이 부여된 아이템을 수리할 수 있습니다. 수리하고자 하는 아이템과 동일한 아이템이나
그 아이템을 제작하는 데 사용한 재료(예를 들어 철 곡괭이를 수리하려면 철괴를 사용)로 아이템의 내구도를
회복시킬 수 있습니다. 완전히 수리될 때까지 철괴 같은 재료를 계속 붙이거나 한두 개만 붙여 아이템의
내구도를 조금만 늘릴 수도 있습니다.

마법의
종류와 쓰임새

여러분들은 초자연적인 능력을 주는 강력한 마법이 부여된 도구와 무기 그리고 갑옷을 제작하는 데 필요한 모든 것을 가지고 있습니다. 각 마법이 어떤 상황에서 여러분들을 도와줄 수 있는지 자세히 알아봅시다.

친수성

1차 아이템	🪖
2차 아이템	없음
최대 능력 레벨	I
가중치	2

친수성 마법은 물속에서 블록을 부수는 속도를 높여줍니다. 이 마법이 있으면 육지에 있을 때와 같은 속도로 수중에서 물에 잠긴 블록을 캘 수 있습니다. 이 마법은 강바닥에서 많은 양의 점토를 캐야 하거나, 심해 유적에서 블록을 캐야 할 때 사용하면 좋습니다.

살충

1차 아이템	🗡️
2차 아이템	🔨
최대 능력 레벨	V
가중치	5

이 마법은 거미나 동굴 거미, 좀벌레, 엔더마이트 같은 절지동물에게 더 많은 피해를 입힐 수 있게 해줍니다. 살충 마법이 부여된 무기로 공격하면 공격 대상에게 속도 감소 IV를 주어 움직임을 둔하게 만들 수 있습니다. 레벨 I에서는 1에서 1.5초 동안 속도 감소 효과가 지속됩니다. 최대 지속 시간은 레벨이 올라갈 때마다 0.5초씩 늘어나며, 레벨 V에서는 최대 3.5초 동안 지속됩니다.

폭발로부터 보호

1차 아이템	🪖 👕 👖 👢
2차 아이템	없음
최대 능력 레벨	IV
가중치	2

폭발로부터 보호는 TNT나 크리퍼의 폭발로 인한 피해를 줄여줍니다. 또한 이 마법은 폭발로 인한 충격도 줄여줍니다. 이 마법은 크리퍼 또는 적대적인 플레이어와 싸울 때 사용하면 좋습니다.

귀속 저주

1차 아이템	없음
2차 아이템	
최대 능력 레벨	I
가중치	1

귀속 저주 마법은 한 번이라도 입었던 갑옷을 갑옷 슬롯에서 사라지지 않게 해줍니다. 귀속 저주 마법이 부여된 갑옷을 없애는 방법은 내구도가 다 닳아 부서지거나 플레이어가 입은 채로 죽는 것뿐입니다. 섬뜩한 소리같지만 다른 플레이어와 싸울 때 큰 도움이 될 것입니다. PVP(플레이어 대 플레이어) 배틀에서 내구도가 낮은 가죽 갑옷이나 호박 머리를 입은 상태를 유지해 자신이 약한 상태인 것처럼 상대방을 속일 수 있습니다.

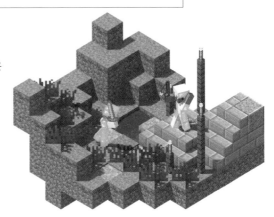

소실 저주

1차 아이템	없음
2차 아이템	
최대 능력 레벨	I
가중치	1

소실 저주 마법은 플레이어가 죽을 때 가지고 있었던 도구나 갑옷, 무기를 파괴합니다. 상대 플레이어가 여러분이 가지고 있었던 최고의 장비를 사용할 수 없게 만들 수 있어 PVP 배틀을 할 때 사용하면 좋습니다. 소실 저주 마법이 부여된 갑옷을 친구에게 주고 싶을 때는 그냥 바닥에 떨어뜨리면 됩니다. 그러면 평소처럼 아이템을 얻을 수 있습니다.

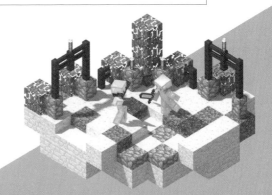

물갈퀴

1차 아이템	
2차 아이템	없음
최대 능력 레벨	III
가중치	2

물갈퀴는 물속에서의 플레이어 이동
속도를 높여줍니다. 마법의 레벨이 올라갈
때마다 물속에서의 이동 속도가 3분의 1
씩 빨라지며, 레벨 III에서는 육지에서 걷는
것과 같은 속도로 걸을 수 있습니다. 심해
유적에 갈 계획이라면 이 마법이 꼭 필요할
것입니다. 심해 유적까지 내려가는 데
걸리는 시간을 단축시켜 주기 때문이죠.

효율

1차 아이템	
2차 아이템	
최대 능력 레벨	V
가중치	10

효율 마법은 석탄 원석이나 발광석
같이, 원석 그대로가 아니라 아이템을
떨구는 블록을 부술 때 걸리는 시간을
단축해줍니다. 이 마법은 각 상황에서
블록을 부술 때 가장 효율적인 도구에
부여하는 것이 좋습니다.
예를 들어 자갈을 캘 때는 삽에,
나무를 캘 때는 도끼에 부여해야
최고의 효율을 얻을 수 있습니다.
효율 마법은 아이템을 제작하는 데
필요한 많은 양의 자원을 수집할
때 제격인 마법으로 귀중한 시간을
절약해줍니다.

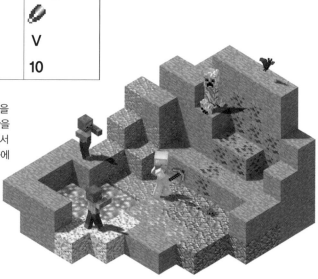

가벼운 착지

1차 아이템	
2차 아이템	없음
최대 능력 레벨	IV
가중치	5

가벼운 착지 마법이 부여된 부츠를
신으면 절벽 같이 높은 곳에서
떨어질 때 입는 피해를 줄여줍니다.
또한 엔더 진주로 순간이동할 때
발생하는 피해도 줄여줍니다.
이 마법은 서바이벌 모드 세계에서
탐험할 때 부츠에 부여할 수 있는
만능 마법입니다.

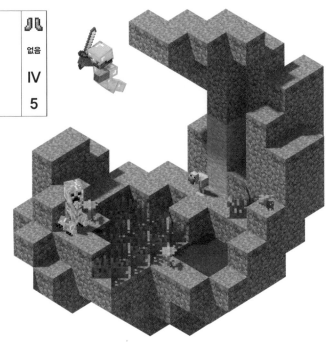

발화

1차 아이템	⚔
2차 아이템	없음
최대 능력 레벨	II
가중치	2

발화가 부여된 검으로 적대적인
플레이어나 몹을 공격하면 공격 대상은
즉시 화염에 휩싸이게 됩니다. 마법의
레벨이 올라갈 때마다 화염에 휩싸이는
시간은 4초씩 늘어납니다. 레벨 I이
부여된 검으로 공격하면 3초 동안 불에
휩싸이고, 레벨 II가 부여된 검으로
공격하면 7초 동안 불에 휩싸입니다.
모든 위험한 상황에서 사용해도 좋지만,
발화가 부여된 검으로 동물을 죽이면
익힌 고기를 떨구기도 합니다. 네더의
몹은 불의 영향을 받지 않기 때문에 이
마법이 부여된 검으로 공격해도 아무런
피해를 입지 않습니다.

화염으로부터 보호

1차 아이템	
2차 아이템	없음
최대 능력 레벨	IV
가중치	2

이름처럼 화염으로부터 보호 마법은
용암이나 불에 의한 피해를 줄여줍니다.
또한 불에 휩싸이는 시간을 줄여줍니다.
화염으로부터 보호는 네더로 모험을
떠나거나 용암이 풍부한 오버월드의 깊은
곳에서 채굴을 할 때 사용하면 좋습니다.

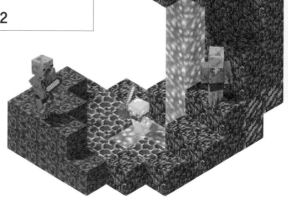

화염

1차 아이템	
2차 아이템	없음
최대 능력 레벨	I
가중치	2

화염이 부여된 활로 화살을 쏘면 불 화살이
날아갑니다. 불 화살에 맞으면 5초 동안 4
만큼의 화염 피해를 입힙니다. 불 화살은
몹이나 플레이어, TNT 블록에만 영향을 주고
나무나 다른 블록을 태우지 않습니다.
이 마법은 PVP나 몹 배틀에서 활을 사용할 때
큰 도움을 주는 마법입니다. 네더의 몹은 불에
면역되어 있기 때문에 불 화살을 쏴도 아무런
피해를 입지 않는다는 것을 잊지 마세요.

행운

1차 아이템	
2차 아이템	없음
최대 능력 레벨	III
가중치	2

행운 마법은 광석이나 작물을 캤을 때 더 많은 아이템이 떨어질 확률을 높여주는 마법입니다. 여기에는 광물 원석과 작물이 포함됩니다. 또한 이 마법은 나뭇잎에서 묘목이, 참나무의 경우 사과가 떨어질 확률도 높여줍니다. 이 마법은 자원을 모을 때 쓰면 아주 좋은 마법입니다.

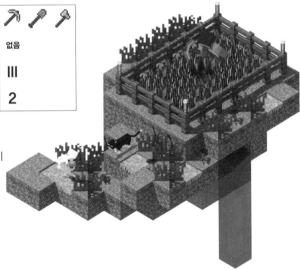

차가운 걸음

1차 아이템	없음
2차 아이템	👢👢
최대 능력 레벨	II
가중치	2

차가운 걸음 마법은 물 블록 위를 걷거나 뛸 때 발 밑에 살얼음 블록을 만들어줍니다. 물로 뒤 넓은 곳을 지나가야 할 때 이 마법을 사용하면 좋습니다. 이 마법은 네더에 있는 마그마 블록 위에 서 있어도 피해를 입지 않게 해줍니다.

무한

1차 아이템	🏹
2차 아이템	없음
최대 능력 레벨	I
가중치	1

활에 무한 마법을 부여하면 보관함에 평범한 화살 하나만 있어도 화살을 무한대로 쏠 수 있습니다. 스켈레톤과 싸우거나 PVP 전투를 할 때 이 마법을 사용해보세요. 아쉽게도 물약이 묻은 화살과 발광 화살에는 이 기능이 적용되지 않습니다.

밀치기

1차 아이템	⚔
2차 아이템	없음
최대 능력 레벨	II
가중치	5

이 마법은 플레이어나 몹을 때렸을 때 공격 대상이 더 멀리 밀려나게 해줍니다. 밀치기 마법의 위력을 과소평가하지 마세요. 밀치기 마법이 있으면 보다 쉽게 플레이어나 몹을 절벽 너머나 용암 속으로 날려 버릴 수 있습니다. 이 마법은 어떤 전투 상황에서든지 여러분들에게 큰 도움을 줄 것입니다.

약탈

1차 아이템	⚔️
2차 아이템	없음
최대 능력 레벨	III
가중치	2

약탈 마법은 몹이 떨구는 아이템의 개수를 늘려줍니다.
능력 레벨이 오를 때마다 최대로 떨구는 아이템의
개수를 한 개씩 늘려주고, 첫 번째로 죽였을 때 희귀한
아이템을 얻지 못했을 경우, 두 번째 시도에서는
희귀한 아이템을 얻을 확률을 높여줍니다. 이 마법은
희귀한 아이템과 몹이 사용하고 있었던 장비가 떨어질
확률도 높여줍니다. 물약 재료와 같이 구하기 어려운
아이템을 떨구는 몹을 잡을 때 사용하면 좋습니다.

바다의 행운

1차 아이템	🎣
2차 아이템	없음
최대 능력 레벨	III
가중치	2

바다의 행운 마법은 낚시를 하는 여러분에게 행운을
가져다주는 마법입니다. 이 마법은 쓰레기 아이템과
물고기는 평소보다 덜 잡히게, 보물 아이템은
평소보다 더 잘 잡히게 해줍니다. 보물 아이템에는 활,
마법이 부여된 책이나 낚싯대, 이름표, 안장 그리고
수련잎이 있습니다. 바다의 행운 마법은 매우 유용한
아이템을 보다 쉽게 얻을 수 있게 해줄 것입니다.

미끼

1차 아이템	🎣
2차 아이템	없음
최대 능력 레벨	III
가중치	2

미끼 마법은 낚싯대를 무는 물고기의 수를 늘려주는
마법입니다. 능력 레벨이 올라갈 때마다 물고기가
잡히기까지 걸리는 시간을 5초씩 단축시켜줍니다.
낚시 여행을 떠날 때 이 마법만 있으면 금방 물고기를
낚을 수 있을 것입니다.

수선

1차 아이템	없음
2차 아이템	(아이템 아이콘들)
최대 능력 레벨	I
가중치	2

수선 마법이 부여된 아이템을 사용하거나 입고
있으면 그러고 있는 동안 획득한 경험치로
그 아이템을 수리할 수 있습니다. 경험치
구슬 한 개를 먹을 때마다 2만큼의 내구도가
회복됩니다. 이 마법이 부여된 아이템을
사용하고 있는 동안은 경험치를 쌓을 수 없지만
이 마법이 부여된 아이템이 완전히 수리되고
난 뒤에는 다시 경험치를 쌓을 수 있습니다.
이 마법은 더 많은 아이템을 제작하는 데
필요한 자원이 부족할 때 사용하면 좋은
마법입니다.

힘

1차 아이템	(활 아이콘)
2차 아이템	없음
최대 능력 레벨	V
가중치	10

힘 마법은 화살의 공격 피해를 25%×(능력 레벨 + 1)
만큼 증가시켜 하트 반 칸만큼의 피해를 더 줄 수 있게
해줍니다. 따라서 활에 힘 l을 부여하면 50%(25×2)
만큼, 힘 ll를 부여하면 75%(25×3)만큼의 피해를 더
줄 수 있습니다. 적대적인 몹이나 플레이어와 싸울
때 사용하면 매우 좋은 마법입니다. 아이템에 힘 V를
부여하려면 모루가 필요합니다.

발사체로부터 보호

1차 아이템	🪖 👕 🩳 🥾
2차 아이템	없음
최대 능력 레벨	IV
가중치	5

발사체로부터 보호 마법은 화살이나 가스트 및 블레이즈의 화염구 같은 발사체로부터 받는 피해를 줄여줍니다. 이 마법은 상대방이 활을 사용하는 PVP 배틀을 할 때나, 스켈레톤과 싸울 때, 네더에서 탐험할 때 사용하면 좋은 마법입니다.

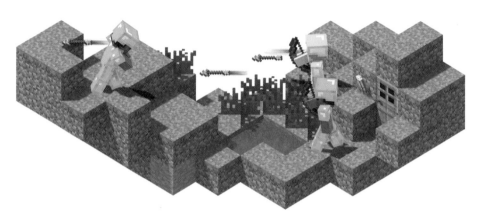

보호

1차 아이템	🪖 👕 🩳 🥾
2차 아이템	없음
최대 능력 레벨	IV
가중치	10

보호 마법은 배고픔으로 인한 피해와 공허로 떨어져 지속적으로 받는 피해를 제외한 모든 종류의 피해를 줄여주는 마법입니다.
이 마법은 거의 모든 위험한 상황에서 여러분을 보호해주는 만능 마법입니다.

밀어내기

1차 아이템	🏹
2차 아이템	없음
최대 능력 레벨	II
가중치	2

밀어내기 마법은 화살에 맞은 몹이나 플레이어를 더 멀리 밀려나가게 만들어주는 마법입니다. 가능한 상대방을 더 멀리 밀어내고 싶을 때 사용하면 좋은 마법입니다.

호흡

1차 아이템	⛑
2차 아이템	없음
최대 능력 레벨	III
가중치	2

호흡 마법은 물속에서 오랫동안 숨을 쉴 수 있게 해주는 마법입니다. 능력 레벨이 올라갈 때마다 숨을 쉴 수 있는 시간이 15초씩 늘어납니다. 또한 이 마법은 물속을 더 잘 보이게 해줍니다. 심해 유적 같은 곳에 방문할 계획이라면 이 마법이 매우 유용할 것입니다.

날카로움

1차 아이템	⚔
2차 아이템	🪓
최대 능력 레벨	V
가중치	10

날카로움 마법은 검이나 도끼의 공격 피해를 증가시켜 전투 상황에서 무기를 더 강력하게 만들어줍니다. 날카로움 I에서는 1만큼의 공격 피해를 더 입힐 수 있고, 능력 레벨이 올라갈 때마다 0.5만큼의 공격 피해를 더 입힐 수 있습니다. 아이템에 날카로움 V를 부여하려면 모루가 필요합니다.

섬세한 손길

1차 아이템	⛏ 🔨
2차 아이템	✂
최대 능력 레벨	III
가중치	1

섬세한 손길 마법은 아이템을 떨구는 블록을 블록 그대로 얻을 수 있게 해줍니다. 석탄 광석, 다이아몬드 원석, 에메랄드 원석, 유리, 거대 버섯, 얼음, 청금석 원석, 균사체, 단단한 얼음, 회백토, 네더 석영 원석, 레드스톤 광석 그리고 거미줄을 캘 때 사용할 수 있습니다. 엔더 상자, 책장, 유리, 유리판 같은 블록도 섬세한 손길이 부여된 도구로 캐면 블록 상태 그대로 얻을 수 있습니다.

강타

1차 아이템	⚔
2차 아이템	🔨
최대 능력 레벨	V
가중치	5

강타 마법은 스켈레톤, 좀비, 위더, 위더 스켈레톤 그리고 좀비 피그맨 같은 언데드 몹에게 더 많은 피해를 입힐 수 있게 해줍니다. 이 마법은 특히 네더에서 큰 도움을 줄 것입니다. 아이템에 강타 V를 부여하려면 모루가 필요합니다.

휘몰아치는 칼날

1차 아이템	⚔
2차 아이템	없음
최대 능력 레벨	III
가중치	1

휘몰아치는 칼날은 검의 광역 공격 피해를 증가시킵니다. 이 마법만 있으면 적대적인 몹과의 싸움이나 PVP 전투에서 상대방을 물리치는데 걸리는 시간을 획기적으로 단축할 수 있습니다.

가시

1차 아이템	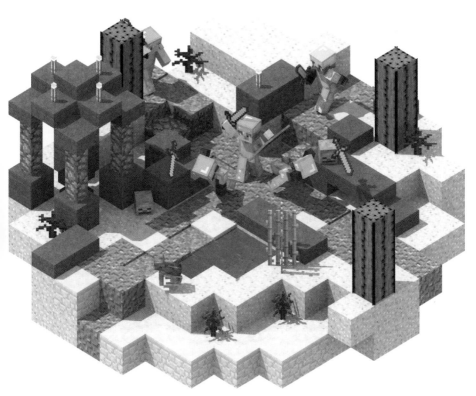
2차 아이템	
최대 능력 레벨	III
가중치	1

가시 마법은 모든 플레이어와 몹의 근접 공격이나 발사체에 의한 공격을 반사합니다. 공격을 반사할 때마다 갑옷의 내구도가 닳습니다. 가시 III은 모루로 가시 II 마법 2개를 합치거나 주민과의 거래를 통해서만 얻을 수 있습니다.

내구성

1차 아이템	
2차 아이템	
최대 능력 레벨	III
가중치	5

내구성 마법은 갑옷이나 도구, 무기의 실질적인 내구도를 늘려줍니다. 자원을 수집하거나 전투를 할 때 유용하게 사용할 수 있는 만능 마법입니다.

자연적으로 생성되는 마법이 부여된 아이템

마법을 부여하는 데 필요한 장비나 경험치가 없다고 슬퍼하지는 마세요. 세상에는
발견되기를 기다리고 있는 자연적으로 생성된 마법이 부여된 아이템이 널려 있습니다.
지금부터 숨어 있는 아이템들을 찾으러 떠나볼까요?

주민 거래

주민과의 거래를 통해 마법이 부여된 아이템을 얻을 수 있습니다. 어부에게서는 마법이 부여된 낚싯대를,
사서에게서는 마법이 부여된 책이나 마법이 부여된 갑옷 등을 얻을 수 있습니다. 사막, 평원, 사바나, 타이가, 얼음
평원 생물 군계(바이옴)에서 주민들이 살고 있는 마을을 발견할 수 있습니다.

낚시

물속에도 보물이 숨겨져 있습니다.
낚시를 통해 마법이 부여된 책이나 활 또는
낚싯대를 잡을 수 있습니다.

알고 있나요?

성직자와의 네 번째 거래에서는 경험치
병이라고 불리는 신비한 아이템을 거래할
수 있습니다. 경험치 병을 액체가 아닌
블록에 던지면 3–11만큼의 경험치가 담긴
경험치 구슬이 떨어집니다. 경험치 병을
얻으려면 3–11개의 에메랄드를 지불해야
하지만, 경험치가 부족하거나 여러 개의
아이템에 마법을 부여해야 할 때 사용하면
좋습니다.

몹

좀비나 스켈레톤, 좀비 피그맨을 죽이면 마법이
부여된 갑옷이나 무기를 얻을 수 있습니다.

엔드 도시 상자

엔드 도시 안에 있는 전리품 상자에서 마법이 부여된
갑옷이나 도구, 무기를 얻을 수 있습니다.

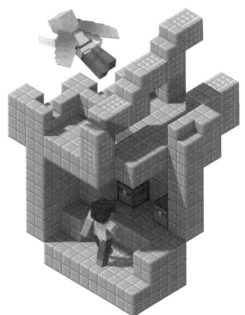

2

물약

물약은 마녀만을 위해 존재하는 것은 아닙니다. 이전 장을 통해
새롭게 알게 된 마법 부여에 관한 지식을 가지고서 물약을
양조하는 데 필요한 재료를 얻으러 네더로 모험을 떠나봅시다.
마실 수 있는 아이템인 물약은 서바이벌 모드에서 여러분에게
큰 도움을 줄 것입니다.

양조 장비

물약은 잠시 동안 상태 효과를 얻을 수 있는 마실 수 있는 아이템입니다. 양조는 물약을 만드는 마법적인 과정을 의미합니다. 양조는 복잡한 과정이므로 양조하는 방법을 알아보기 전에 먼저 양조를 하려면 무엇이 필요한지 살펴봅시다.

1 물약을 만들려면 양조기가 있어야 합니다. 양조기는 블레이즈 막대와 조약돌로 만들 수 있습니다. 블레이즈 막대는 네더에서 블레이즈를 죽이면 얻을 수 있습니다. 블레이즈는 네더 요새에 있는 스포너에서 생성됩니다.

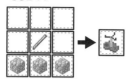

양조기 제작법

2 양조를 하려면 가마솥이 필요합니다. 가마솥은 철괴로 만들 수도 있고 마녀의 집이나 이글루 기지, 삼림 대저택에서 발견할 수도 있습니다.

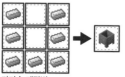

가마솥 제작법

TIP

가마솥에 물을 자주 다시 채울 필요가 있으므로 양조하려는 곳으로부터 가까운 곳에 연못이나 호수 같은 물 공급원이 있는지 확인하세요.

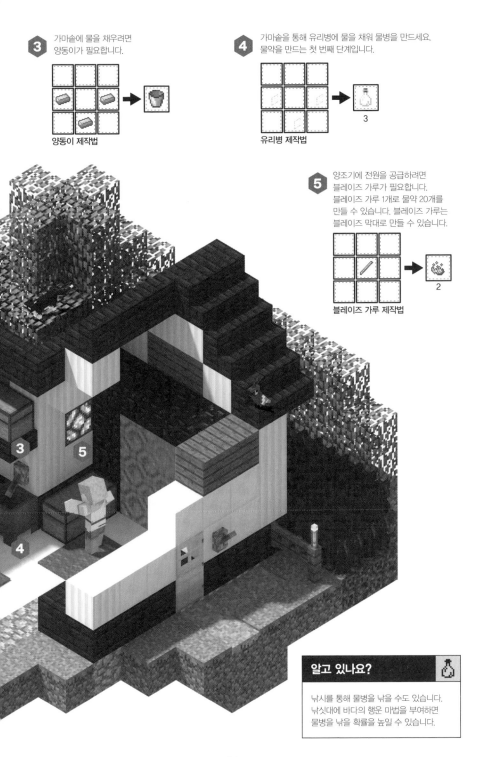

3 가마솥에 물을 채우려면
양동이가 필요합니다.

양동이 제작법

4 가마솥을 통해 유리병에 물을 채워 물병을 만드세요.
물약을 만드는 첫 번째 단계입니다.

3

유리병 제작법

5 양조기에 전원을 공급하려면
블레이즈 가루가 필요합니다.
블레이즈 가루 1개로 물약 20개를
만들 수 있습니다. 블레이즈 가루는
블레이즈 막대로 만들 수 있습니다.

2

블레이즈 가루 제작법

알고 있나요?

낚시를 통해 물병을 낚을 수도 있습니다.
낚싯대에 바다의 행운 마법을 부여하면
물병을 낚을 확률을 높일 수 있습니다.

재료

쓸모 있는 물약을 만들려면 반드시 먼저 물병에 기초 재료를 넣어 기초 물약을 만들어야 합니다. 기초 재료에는 네 가지가 있고, 기초 재료로 만들 수 있는 기초 물약도 네 가지가 있습니다. 그러나 미스테리하게도 현재는 오직 두 가지의 기초 물약만 사용되고 있습니다.

기초 재료와 기초 물약

네더 사마귀

네더 사마귀(네더 와트)는 대부분의 물약을 만드는 데 필요한 기초 재료입니다. 네더 사마귀는 네더 요새 계단 아래에 있는 영혼 모래나 네더 요새 안에 있는 전리품 상자에서 발견할 수 있습니다.

어색한 물약

물병 3개에 네더 사마귀 1개를 넣으면 어색한 물약 3개를 만들 수 있습니다. 어색한 물약은 나약함의 물약을 제외한 모든 물약을 만들 때 사용되는 기초 물약입니다.

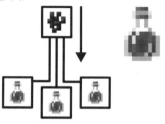

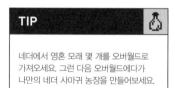

> ### TIP
>
> 네더에서 영혼 모래 몇 개를 오버월드로 가져오세요. 그런 다음 오버월드에다가 나만의 네더 사마귀 농장을 만들어보세요.

발광석 가루

네더에 있는 발광석을 부수면 발광석 가루를 얻을 수 있습니다.

진한 물약

물병 3개에 발광석 가루 1개를 넣으면 진한 물약 3개를 만들 수 있습니다. 진한 물약은 현재 쓸 곳이 없습니다.

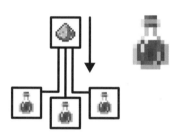

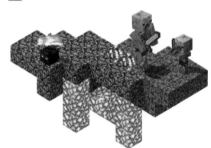

레드스톤

레드스톤은 Y좌표 16 이하에서 발견할 수 있는 레드스톤 광석을 캐면 얻을 수 있습니다.

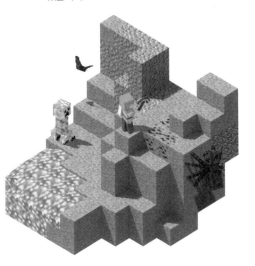

평범한 물약

물병 3개에 레드스톤 1개를 넣으면 평범한 물약 3개를 만들 수 있습니다. 평범한 물약도 현재는 쓸 곳이 없습니다. 평범한 물약은 모든 종류의 2차 재료를 넣어서도 만들 수 있습니다. 2차 재료에 대한 자세한 정보는 44–45쪽을 참고하세요.

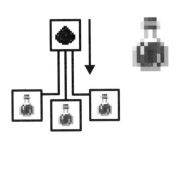

발효된 거미 눈

발효된 거미 눈은 거미 눈과 설탕 그리고 갈색 버섯을 조합해 만들 수 있습니다. 거미 눈은 거미를 죽이면 얻을 수 있습니다.

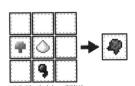

발효된 거미 눈 제작법

나약함의 물약

물병 3개에 발효된 거미 눈 1개를 넣으면 나약함의 물약 3개를 만들 수 있습니다. 나약함의 물약은 1분 30초 동안 자신의 근접 공격량을 4만큼 감소시켜 줍니다.

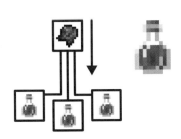

TIP

물약은 보관함 안에서 겹쳐 둘 수 없으므로 양조를 시작하기 전에 충분한 공간을 확보해두세요.

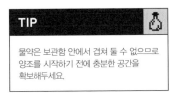

2차 재료와 강화 재료

어색하게도 어색한 물약은 아무런 효과를 가지고 있지 않습니다. 어색한 물약에 2차 재료를 넣어야 유용한 2
차 물약을 만들 수 있습니다. 2차 물약에 강화 재료를 넣어 2차 물약의 효과를 강화시키거나 효과를 바꿀 수
있습니다. 원활하게 물약을 양조하려면 지금 보고 있는 페이지에 나와 있는 모든 재료를 충분히 준비해두는 것이
좋습니다.

2차 재료

설탕은 사탕수수로 만들 수
있습니다. 마녀를 죽여 일정
확률로 얻을 수도 있습니다.

복어는 낚시를 통해 잡을
수 있습니다. 가디언과 엘더
가디언을 죽여 일정 확률로
얻을 수도 있습니다.

토끼발은 토끼를
죽여 매우 낮은
확률로 얻을 수
있습니다.

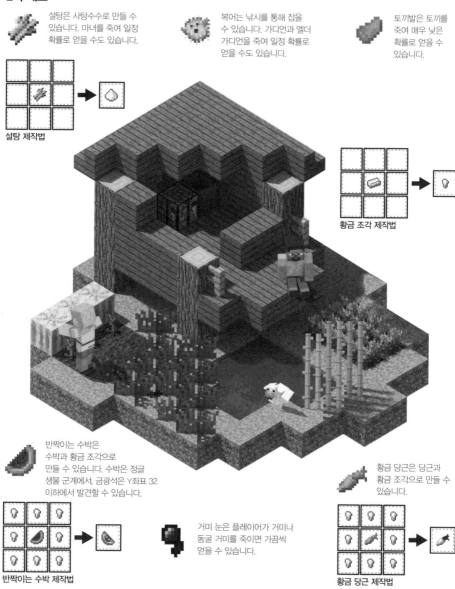

설탕 제작법

황금 조각 제작법

반짝이는 수박은
수박과 황금 조각으로
만들 수 있습니다. 수박은 정글
생물 군계에서, 금광석은 Y좌표 32
이하에서 발견할 수 있습니다.

황금 당근은 당근과
황금 조각으로 만들 수
있습니다.

반짝이는 수박 제작법

거미 눈은 플레이어가 거미나
동굴 거미를 죽이면 가끔씩
얻을 수 있습니다.

황금 당근 제작법

마그마 크림은 제일 큰 마그마 큐브와 제일 작은 마그마 큐브를 죽이면 가끔씩 얻을 수 있습니다.

 가스트 눈물은 가스트를 죽이면 얻을 수 있습니다.

 블레이즈 가루는 블레이즈를 죽이면 얻을 수 있는 블레이즈 막대로 만들 수 있습니다.

강화 재료

 2차 물약에 레드스톤을 넣고 양조하면 상태 효과가 더 오래 지속되게 할 수 있습니다.

 발광석 가루를 사용하면 물약의 힘을 강화시킬 수 있습니다.

 드래곤의 숨결은 일반적인 물약을 잔류형 물약으로 바꿔줍니다. 드래곤의 숨결에 대한 자세한 정보는 60~61쪽을 참고하세요.

 발효된 거미 눈은 부정적인 효과를 가진 물약으로 바꿔줍니다. 2차 물약에 발효된 거미 눈을 넣으면 해로운 물약으로 만들 수 있습니다. 발효된 거미 눈의 제작법은 43쪽을 참고하세요.

 2차 물약에 화약을 넣고 양조하면 투척용 물약으로 바꿀 수 있습니다. 투척용 물약에 대한 자세한 정보는 58~59쪽을 참고하세요. 화약은 크리퍼나 가스트를 죽이면 가끔씩 얻을 수 있습니다.

2차 물약

이제부터 진짜 재미있는 일이 시작됩니다. 2차 물약을 양조할 준비가 다 되었습니다.
2차 물약은 이롭거나 해로운 효과를 줄 수 있으며, 여러 가지 까다로운 상황에서 여러분에게
큰 도움을 줄 것입니다. 여기에 각 물약에 대한 효과와 설명이 있습니다.

이로운 2차 물약

화염 저항

재료	어색한 물약과 마그마 크림
상태 효과	화염 저항
지속 시간	3분

화염 저항의 물약은 화염 피해와 용암 피해 그리고 블레이즈의
원거리 공격을 무력화시킵니다. 네더에서 탐험을 할 때 매우
유용한 물약입니다.

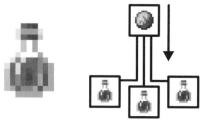

치유

재료	어색한 물약과 반짝이는 수박
상태 효과	즉시 회복
지속 시간	즉시

치유의 물약은 즉시 4만큼의 체력을 회복시킵니다. 서바이벌
모드에서 생존할 때 항상 모든 아이템을 보관함에서 지킬 수 있는
유용한 물약입니다.

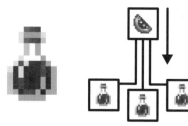

도약

재료	어색한 물약과 토끼발
상태 효과	점프 강화
지속 시간	3분

도약의 물약을 마시면 평소보다 반 블록 더 높이 점프할 수
있습니다. 따라서 이 물약만 마시면 울타리 같은 장애물도 한 번만
점프해서 넘어갈 수 있습니다.

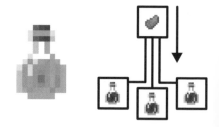

야간 투시

재료	어색한 물약과 황금 당근
상태 효과	야간 투시
지속 시간	3분

야간 투시의 물약을 마시면 물속을 포함해 모든 곳을 최대 밝기 레벨로 볼 수 있습니다. 밤에 활동할 때나 채굴할 때 또는 물속에서 수영할 때 사용하면 좋은 물약입니다.

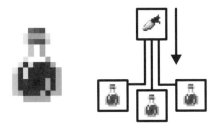

재생

재료	어색한 물약과 가스트 눈물
상태 효과	재생
지속 시간	45초

재생의 물약은 2.4초마다 2만큼의 체력을 회복시켜 줍니다. 빠르게 체력이 닳는 상황에서 사용하면 좋은 물약입니다.

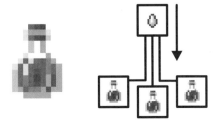

힘

재료	어색한 물약과 블레이즈 가루
상태 효과	힘
지속 시간	3분

힘의 물약은 상대방이 받는 근접 공격 피해를 3만큼 증가시킵니다. 다른 플레이어나 몹과 싸우기 전 이 물약을 마시면 좋습니다.

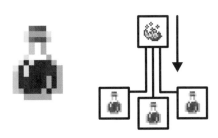

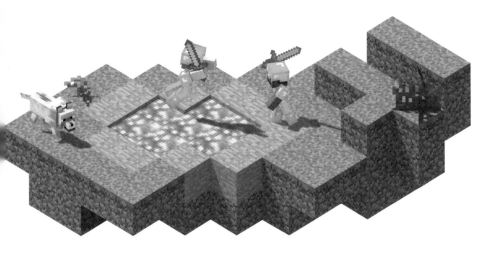

신속

재료	어색한 물약과 설탕
상태 효과	속도 증가
지속 시간	3분

신속의 물약은 이동 속도와 달리기 속도 그리고 점프 높이를
약 20%씩 높여줍니다. 장거리를 이동하기 전 이 물약을 마시면
좋습니다.

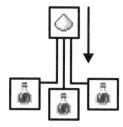

 수중 호흡

재료	어색한 물약과 복어
상태 효과	수중 호흡
지속 시간	3분

수중 호흡의 물약을 마시면 산소 바가 가득 찬 상태를 3분 동안
유지시켜 줍니다. 이 물약은 심해 유적 같은 물속을 탐험할 때 큰
도움을 줍니다.

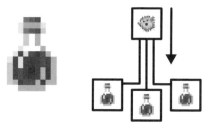

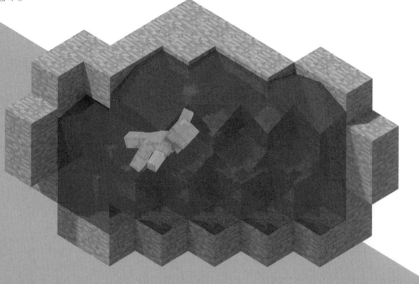

해로운 2차 물약

당연한 말이지만 해로운 물약은 여러분에게 어떠한 긍정적인 효과도 주지 않습니다. 그러니 여러분들도 이런 물약을 마시고 싶어하지 않으시겠죠. 그래서 보통은 해로운 물약을 마시는 대신 투척용 물약이나 잔류형 물약으로 바꾸어 상대방에게 무기처럼 사용합니다. 투척용 물약에 대한 자세한 정보는 58–61쪽을 참고하세요.

 ## 독

재료	어색한 물약과 거미 눈
상태 효과	독
지속 시간	45초

독 물약은 플레이어의 체력이 1이 될 때까지 1.5초마다 1씩 깎아줍니다.

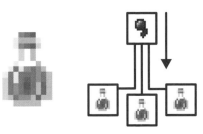

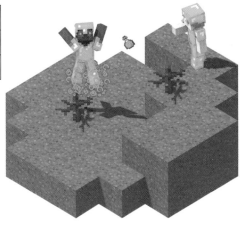

 ## 나약함 (강화)

재료	나약함의 물약과 레드스톤
상태 효과	나약함
지속 시간	4분

강화된 나약함의 물약은 4분 동안 모든 근접 공격량을 4만큼 줄여줍니다.

알고 있나요?

우유를 마시면 자신에게 걸린 모든 상태 효과를 제거할 수 있습니다.
원치 않게 걸린 해로운 상태 효과를 바로바로 풀 수 있도록 우유를 항상 가지고 다니세요.

3차 물약

3차 물약은 2차 물약을 강화한 버전입니다. 2차 물약보다 더 오랫동안 효과가 지속되거나 더 강력한 효과를 가지고 있습니다. 마인크래프트의 전문가들은 강화 재료를 사용해 2차 물약이나 또 다른 3차 물약을 만듭니다.

이로운 3차 물약

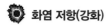 화염 저항(강화)

재료	화염 저항의 물약과 레드스톤
상태 효과	화염 저항
지속 시간	8분

화염 저항의 물약은 8분 동안 불이나 용암에 의한 피해, 블레이즈의 원거리 공격을 무력화시킵니다. 네더에 방문하는 모험가들에게 인기가 많습니다.

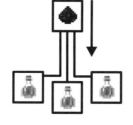

치유 II

재료	치유의 물약과 발광석 가루
상태 효과	즉시 회복 II
지속 시간	즉시

물약 한 개당 8만큼의 체력(일반적인 치유의 물약 회복량의 2배)을 회복시켜줍니다. 피해를 받는 모든 상황에서 사용하면 좋습니다.

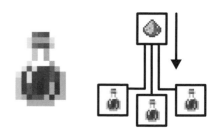

투명화

재료	야간 투시의 물약과 발효된 거미 눈
상태 효과	투명화
지속 시간	3분

투명화 물약은 야간 투시의 물약이 기술적으로 실패한 버전입니다. 투명화 물약을 마신 플레이어는 몹이나 다른 플레이어들에게 보이지 않습니다. 다만 장착한 아이템이나 들고 있는 아이템은 여전히 상대방에게 보입니다.

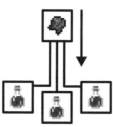
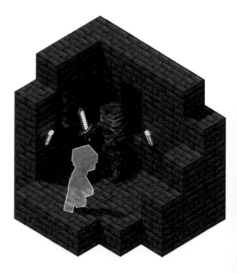

투명화(강화)

재료	야간 투시의 물약(강화)과 발효된 거미 눈
다른 제작법	야간 투시의 물약과 레드스톤
상태 효과	투명화
지속 시간	8분

강화된 투명화 물약은 일반적인 투명화 물약보다 5분 더 오랫동안 투명화 효과가 지속됩니다.

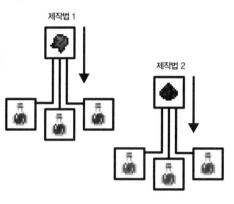

도약(강화)

재료	도약의 물약 또는 도약의 물약 II와 레드스톤
상태 효과	점프 강화
지속 시간	8분

도약의 물약을 마시면 평소보다 반 블록 더 높이 점프할 수 있습니다. 따라서 이 물약만 마시면 울타리 같은 장애물도 한 번만 점프해서 넘어갈 수 있습니다.

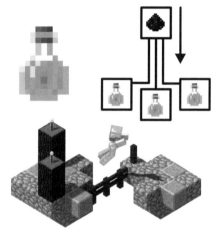

도약 II

재료	도약의 물약과 발광석 가루
상태 효과	점프 강화 II
지속 시간	1분 30초

도약의 물약 II는 평소보다 1.5블록 더 높이 점프할 수 있게 해줍니다. 지속 시간은 줄어들었지만 능력은 일반적인 도약의 물약보다 강력합니다.

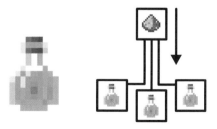

야간 투시 (강화)

재료	야간 투시의 물약과 레드스톤
상태 효과	야간 투시
지속 시간	8분

강화된 야간 투시의 물약은 일반적인 야간 투시의 물약보다 5분 더 오랫동안 야간 투시 효과가 지속됩니다. 야간 투시의 물약을 마시면 물속을 포함해 모든 곳을 최대 밝기 레벨로 볼 수 있습니다.

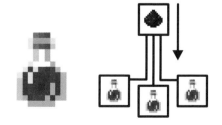

♥ 재생(강화)

재료	재생의 물약과 레드스톤
상태 효과	재생
지속 시간	2분

재생의 물약을 마시면 2.4초마다 약 2만큼의 체력을 회복시켜 줍니다. 강화된 재생의 물약은 일반적인 재생의 물약보다 2배 더 오랫동안 재생 효과가 지속됩니다.

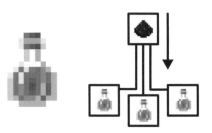

♥ 재생 II

재료	재생의 물약과 발광석
상태 효과	재생 II
지속 시간	22초

재생의 물약 II를 마시면 1.2초마다 약 2만큼의 체력을 회복시켜 줍니다. 일반적인 재생의 물약보다 더 자주 체력을 회복시켜주는 것입니다.

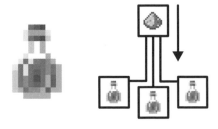

⚔ 힘(강화)

재료	힘의 물약
상태 효과	힘
지속 시간	8분

강화된 힘의 물약은 상대방이 받는 근접 공격 피해를 3만큼 증가시키고 일반적인 힘의 물약보다 5분 더 오랫동안 힘 효과를 지속시켜 줍니다.

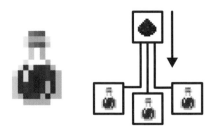

⚔ 힘 II

재료	힘의 물약과 발광석
상태 효과	힘 II
지속 시간	1분 30초

힘의 물약 II는 상대방이 받는 근접 공격 피해를 6만큼 증가시켜 줍니다. 일반적인 힘의 물약보다 2배 더 많은 공격 피해를 입힐 수 있지만, 상태 효과가 오랫동안 지속되는 물약을 만들 수는 없습니다.

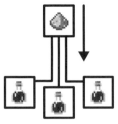

모장의 말

마인크래프트 개발자들은 원래 양조에 필요한 재료는 게임을 시작할 때마다 무작위로 정해져서 물병에 재료를 넣을 때마다 깜짝 놀라게 만들려고 했습니다. 그러나 이것이 기대했던 것만큼 재미있지 않아서 지금처럼 바뀌게 되었습니다.

신속(강화)

재료	신속의 물약과 레드스톤
상태 효과	속도 강화
지속 시간	8분

강화된 신속의 물약은 이동 속도와 달리기 속도 그리고 점프 높이를 약 20%씩 높여줍니다. 이 물약을 마시면 장거리를 빠르게 이동할 수 있습니다.

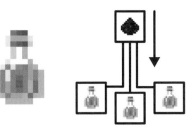

신속 II

재료	신속의 물약과 발광석 가루
상태 효과	속도 강화 II
지속 시간	1분 30초

신속의 물약 II을 마시면 이동 속도와 달리기 속도 그리고 점프 높이를 약 40%씩 높여줍니다. 그러나 상태 효과가 오랫동안 지속되는 물약을 만들 수는 없습니다.

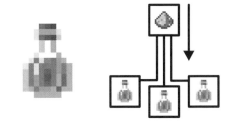

 수중 호흡(강화)

재료	수중 호흡의 물약과 레드스톤
상태 효과	수중 호흡
지속 시간	8분

강화된 수중 호흡의 물약을 마시면 산소 바가 가득 찬 상태를 일반적인 수중 호흡의 물약보다 3분 더 긴 8분 동안 유지시켜 줍니다.

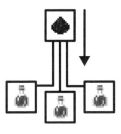

해로운 3차 물약

 고통

재료	치유의 물약과 발효된 거미 눈
다른 제작법	독 물약(종류 상관 없음)과 발효된 거미 눈
상태 효과	즉시 피해
지속 시간	즉시

고통의 물약은 치유의 물약과 독 물약이 기술적으로 실패한 버전입니다. 이 물약은 한 번에 6만큼의 체력을 깎습니다.

제작법 1

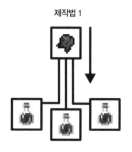

제작법 2

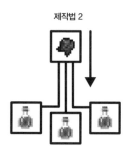

 고통 II

재료	치유의 물약 II와 발효된 거미 눈
다른 제작법	독 물약 II와 발효된 거미 눈
또 다른 제작법	고통의 물약과 발광석 가루
상태 효과	즉시 피해
지속 시간	즉시

고통의 물약 II는 한 번에 12만큼의 체력을 깎습니다. 이는 일반적인 고통의 물약의 2배에 해당합니다.

제작법 1

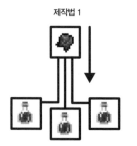

제작법 2

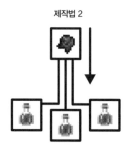

제작법 3

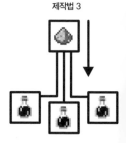

독(강화)

재료	물약과 레드스톤
상태 효과	독
지속 시간	2분

독 물약은 플레이어의 체력이 1이 될 때까지 1.5초마다 1씩
깎아줍니다.

독 II

재료	독 물약과 발광석 가루
상태 효과	독
지속 시간	22초

독 물약은 플레이어의 체력이 1이 될 때까지 1.5초마다 2씩
깎아줍니다.

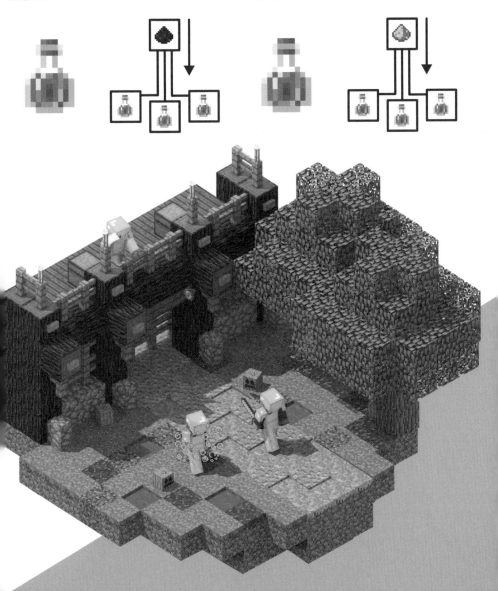

감속

재료	신속의 물약과 발효된 거미 눈
다른 제작법	도약의 물약과 발효된 거미 눈
상태 효과	속도 감소
지속 시간	1분 30초

감속의 물약은 플레이어의 이동 속도를 웅크리고 걷는 속도와 동일한 −15%로 줄여줍니다.

제작법 1

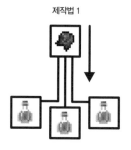

제작법 2

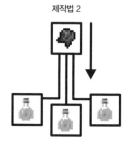

감속(강화)

재료	감속의 물약과 레드스톤
다른 제작법	신속의 물약(강화)과 발효된 거미 눈
또 다른 제작법	도약의 물약(강화)과 발효된 거미 눈
상태 효과	속도 감소
지속 시간	4분

감속의 물약 II는 일반적인 감속의 물약보다 2배 더 긴 시간 동안 플레이어의 이동 속도를 웅크리고 걷는 속도와 동일한 −15%로 줄여줍니다.

제작법 1

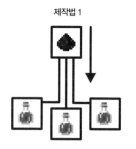

제작법 2

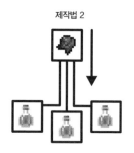

제작법 3

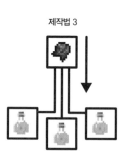

효율적인 양조 방법

지금까지 본 대로 물약을 만드는 방법에는 여러 가지가 있습니다. 이 도표는 각 물약을 만드는 가장 효율적인 방법을 보여줍니다.

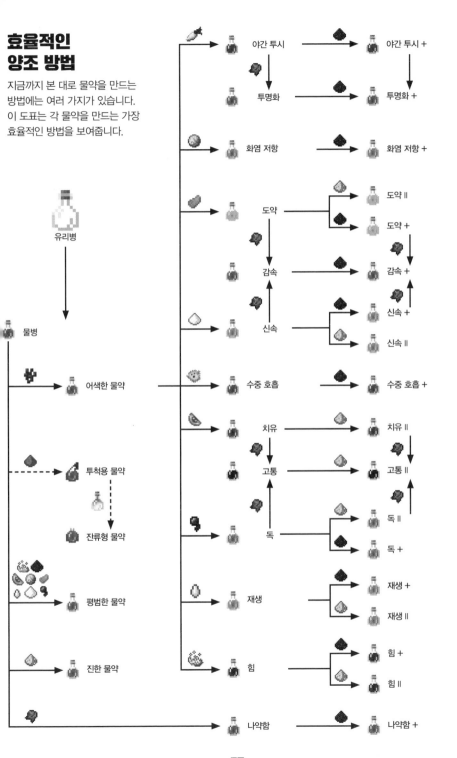

유리병

물병

어색한 물약

투척용 물약

잔류형 물약

평범한 물약

진한 물약

야간 투시 → 야간 투시 +

투명화 → 투명화 +

화염 저항 → 화염 저항 +

도약 → 도약 II

도약 +

감속 → 감속 +

신속 → 신속 +

신속 II

수중 호흡 → 수중 호흡 +

치유 → 치유 II

고통 → 고통 II

독 → 독 II

독 +

재생 → 재생 +

재생 II

힘 → 힘 +

힘 II

나약함 → 나약함 +

57

투척용 물약

상대방을 속여 해로운 물약을 마시고 <u>스스로 죽게 만들 수 있다면</u> 정말 멋지지 않을까요? 현실적으로는 불가능할 것 같지만 투척용 물약을 사용하면 가능합니다. 교활한 방법이긴 하지만 투척용 물약을 몹이나 다른 플레이어에게 던지면 강제로 상태 효과에 걸리게 만들 수 있습니다.

양조 방법과 사용 방법

1 일반 물약이 있는 양조기에 화약을 넣어 물약에 터지는 속성을 추가하세요. 물병에 화약을 넣으면 불을 끌 때 사용할 수 있는 투척용 물약병을 만들 수도 있습니다.

2 양조가 끝났으면 던져서 투척용 물약을 사용하세요. 투척용 물약은 일반 물약처럼 오랫동안 상태 효과가 지속되지 않습니다. 최대한 오랫동안 상태 효과에 걸리게 하려면 몹이나 플레이어의 머리를 향해 물약을 던지세요.

3 투척용 물약이 플레이어나 블록에 맞으면 터지면서 물약 안에 담긴 내용물이 퍼집니다. 충돌 지점을 중심으로 8.25×8.25×4.25 블록 영역 내에 있는 모든 몹이나 플레이어가 상태 효과에 걸리게 됩니다. 투척용 물약을 사용하면 깨지기 때문에 다시 회수할 수는 없습니다.

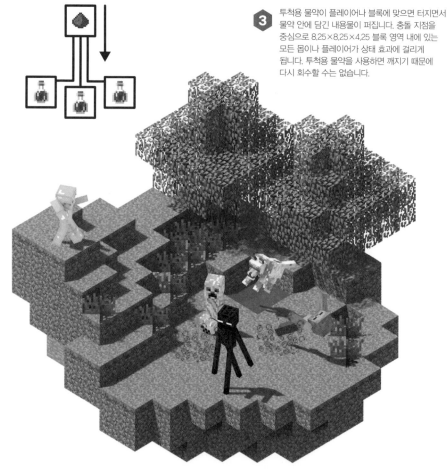

언제 사용해야 할까요?

1 일반적인 몹이 아닌 언데드 몹(좀비, 좀비 피그맨, 스켈레톤, 위더 스켈레톤, 위더, 스파이더 조키, 치킨 조키)은 투척용 치유의 물약에 맞으면 피해를 입습니다.

2 투척용 물병을 엔더맨이나 블레이즈에게 던지면 1만큼의 피해를 입힐 수 있습니다. 불이 난 곳에 투척용 물병을 던지면 충돌한 블록으로부터 4블록 내에 있는 블록에 난 불을 모두 끌 수 있습니다.

3 좀비 주민에게 나약함의 물약을 던지고 황금 사과를 먹이면 다시 주민으로 되돌릴 수 있습니다.

4 투척용 물약을 발사기에 넣어 대량으로 물약이 터지게 만들 수도 있습니다.

5 언데드 몹들은 고통의 물약에 맞으면 체력이 회복되지만, 다른 종류의 몹과 플레이어가 이 물약에 맞으면 체력이 깎입니다.

잔류형 물약

이름 그대로 투척용 물약에서 파생한 물약인 잔류형 물약은 땅에서 잔류하는 구름을 만들어주는 물약입니다. 가장 진보한 플레이어들만이 이 물약을 만들 수 있습니다. 핵심 재료는 드래곤의 숨결이며, 이 아이템을 얻는 것은 매우 어렵습니다.

양조 방법과 사용 방법

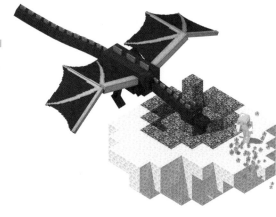

1 엔더 드래곤이 숨결 공격을 하고 있을 때 가까이 가서 유리병으로 드래곤의 숨결을 수집하세요. 다만, 드래곤의 숨결은 유해하기 때문에 숨결을 수집할 때는 매우 조심하여야 합니다.

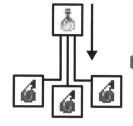

2 잔류형 물약으로 만들고 싶은 투척용 물약 3개를 양조기에 넣고 잔류형 물약을 투입하여 잔류형 물약을 만드세요.

3 잔류형 물약을 던지면 충격이 고체 블록과 닿는 즉시 터지면서 물약의 효과가 담긴 구름이 생성됩니다. 충돌 즉시 3블록 반경의 구름이 만들어지며, 30초 후에는 구름이 사라집니다. 1초 후, 구름에 들어간 모든 플레이어나 몹은 그 물약의 상태 효과에 걸리게 됩니다. 잔류형 물약의 효과가 지속되는 시간은 원래 물약의 지속 시간에 따라 달라집니다.

언제 사용해야 할까요?

1 언데드 몹은 잔류형 치유의 물약에 맞으면, 다른 적대적인 몹은 잔류형 고통의 물약에 맞으면 피해를 입습니다.

2 발사기에 잔류형 물약을 넣어 발사할 수도 있습니다. 잔류형 물약이 담긴 발사기를 기지의 방어 시설로 만들어보세요.

3 잔류형 물약과 화살로 물약이 묻은 화살을 만들 수 있습니다. 물약이 묻은 화살에 맞은 몹은 화살에 묻은 상태 효과에 걸리게 됩니다. 이렇게 걸린 상태 효과의 지속 시간은 일반적인 물약 지속 시간의 8분의 1 밖에 되지 않습니다.

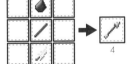

화살 제작법

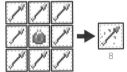

감속의 화살 제작법

자연적으로 생성되는 물약 재료

쉬는 날이 생겼나요? 오늘은 별로 네더로 모험을 떠나고 싶지 않나요? 그렇다면 오버월드에서 물약 재료를 찾으러 떠나봅시다. 운 좋게도 물약 양조에 필요한 아이템 중 몇 가지는 오버월드에서 자연적으로 생성되기 때문에 오버월드에서 발견할 수 있습니다.

마녀와 마녀의 집

늪지대 생물 군계에 있는 마녀의 집에서는 임의의 물약이 담긴 가마솥을 발견할 수 있습니다. 물약을 마시고 있는 마녀를 죽이면 치유의 물약이나 화염 저항의 물약, 신속의 물약, 수중 호흡의 물약을 얻을 수 있습니다. 마녀는 7 이하의 밝기 레벨인 모든 생물 군계 또는 마녀의 집에서 생성됩니다.

이글루

이글루는 얼음 평원이나 추운 타이가 생물
군계에서 발견할 수 있습니다. 생성되는 이글루의
절반은 지하실을 가지고 있습니다. 이글루의
지하로 내려가면 투척용 나약함의 물약이 있는
양조기를 발견할 수 있을 것입니다.

엔드 도시

엔드 도시에 있는 배에서는
치유의 물약 2개가 있는 양조기를
발견할 수 있습니다. 엔드 도시는
엔드 차원의 외곽섬에서 생성됩니다.

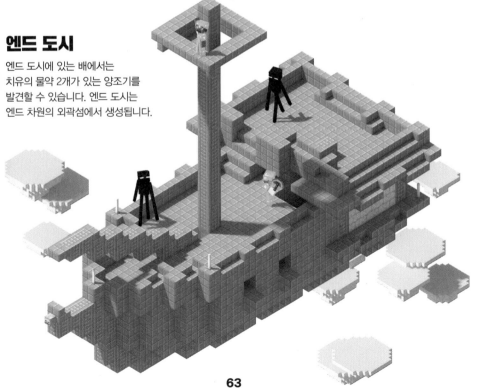

3

고급 마법

축하합니다!
이제 여러분은 수준 높은 진정한 마법사가 되었습니다.
이번 장에서는 마법 부여와 물약으로 최고의 조합을 만드는
방법과 마법을 시험해 볼 수 있는 마법사의 집을 짓는 방법을
배워봅시다.

조합

지하 깊은 곳이나 엔드에 방문하는 여러분에게 큰 도움을 가져다 줄 마법과 물약의 조합이 있습니다. 이 조합들은 고급 플레이어들을 위한 최고의 조합입니다.

채굴

 효율
• 행운

 내구성

 가벼운 착지

치유   야간 투시

탐험

 수선

 차가운 걸음
• 가벼운 착지

신속   도약

몬스터와의 전투

발화
살충

화염
무한

내구성

고통   힘

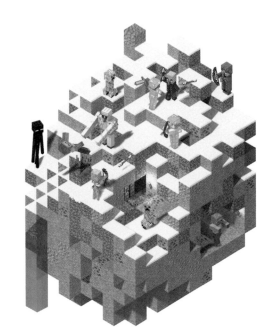

PVP 전투

강타

밀치기
힘

보호

내구성

치유   힘

밤

 날카로움
· 발화

 보호
· 가시

 가벼운 착지

재생   야간 투시

물속

 친수성
· 호흡

 보호

 물갈퀴

수중 호흡   야간 투시

재생

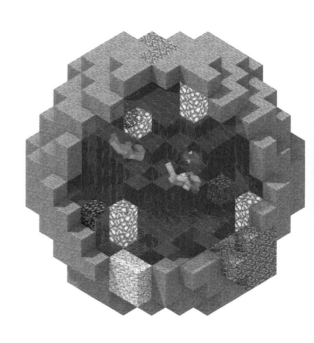

네더

약탈
강타

수선
화염으로부터 보호

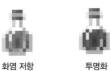
발사체로부터 보호

화염 저항   투명화

엔드

무한
화염

발사체로부터 보호

가벼운 착지

힘   치유

물

마법사의 집

아래에 보이는 집은 주로 나무와 돌을 사용해 지어졌지만, 작은 디테일들이 이 집을 마법사의 집으로 만들어 주었습니다. 네더에서 가져온 자재들과 늪지대에 있는 다양한 요소들을 활용해 마법적인 장면을 연출해봅시다.

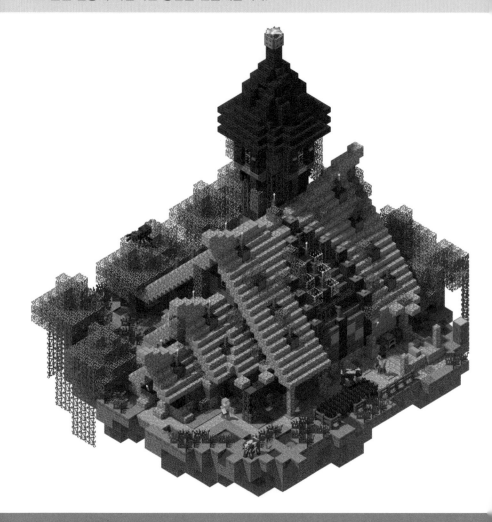

필요한 아이템들 :

설계도

이 도면은 마법사의 집을 여러 방면에서 바라본 모습을 보여주고 있어, 마법사의 집이 어떻게 지어졌는지 알 수 있습니다. 주 건물의 지붕 위에 양조 타워가 위치해 있고, 사용 가능한 공간을 최대한 활용하기 위해 건물 내부도 신중하게 설계되었습니다.

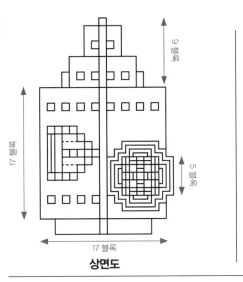

상면도

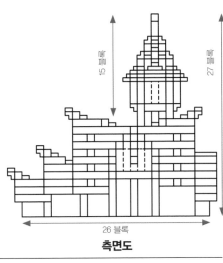

측면도

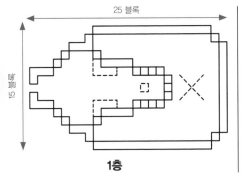

1층

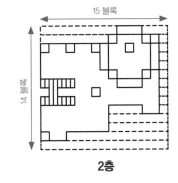

2층

늪지대

이상적인 풍경

마법사의 집이 가지고 있는 신비로운 느낌을 잘 살리려면 이미 마녀가 살고 있을지도 모르는 음침한 늪지대 생물 군계나 울창한 나무의 그림자가 드리우는 숲 또는 지붕숲 생물 군계에 짓는 것이 좋습니다.

마법사의 집 내부 인테리어

1 이 건물은 내부가 벽으로 나누어져 있지 않습니다. 불을 밝히기 위해 바닥에는 발광석 블록이 깔려 있습니다. 1층에는 마법 부여를 할 수 있는 공간이 있습니다. 마법 부여대 주변에 비밀 도서관을 만들고 싶다면 74-77쪽에 나와있는 단계별 지침을 확인하세요.

2 1층과 2층을 연결하는 계단 중 하나를 이용해 2층으로 올라오면 보라색 양탄자와 하얀색 양탄자가 번갈아 설치된 바닥을 볼 수 있습니다. 2층에는 아이템을 보관해두는 상자들과 네더 포탈이 있습니다. 여기에 있는 네더 포탈을 통해 쉽게 네더에 가서 물약 재료를 수집할 수 있습니다.

3 모퉁이에 양조 타워로 갈 수 있는 입구가 숨어 있습니다. 사다리를 통해 양조 타워가 있는 다음 층으로 올라갈 수 있습니다.

4 양조 공간은 양조 타워의 꼭대기에 있습니다. 6개의 양조기를 통해 여러 개의 물약을 빠르게 만들 수 있습니다.

5 양조 타워에서 사용할 물약 재료나 양조 타워에서 만든 물약은 2층에 있는 상자 속에 보관하면 됩니다. 2층에는 모든 물약 재료를 간편하게 보관할 수 있는 4개의 상자가 있습니다.

비밀 도서관

이 비밀 도서관은 정교한 레드스톤 메커니즘을 활용해 장엄하면서도 신비로운 기능을 가지고 있습니다. 마법 부여대에 다가가면 마술을 부린 것처럼 바닥에서 책장이 올라오는 마법 도서관을 만들어봅시다.

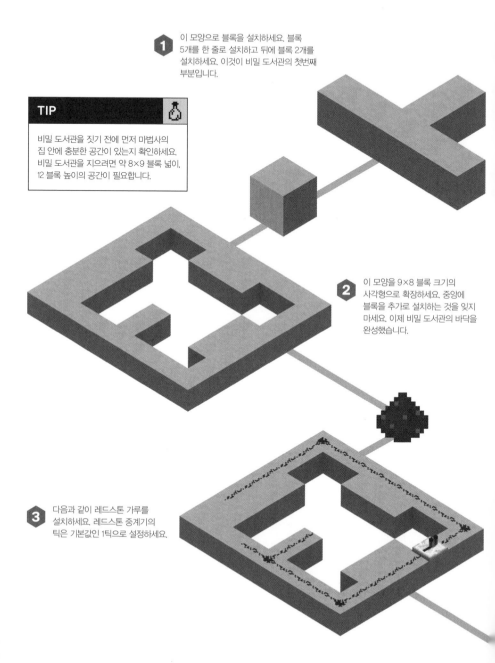

1 이 모양으로 블록을 설치하세요. 블록 5개를 한 줄로 설치하고 뒤에 블록 2개를 설치하세요. 이것이 비밀 도서관의 첫번째 부분입니다.

TIP

비밀 도서관을 짓기 전에 먼저 마법사의 집 안에 충분한 공간이 있는지 확인하세요. 비밀 도서관을 지으려면 약 8×9 블록 넓이, 12 블록 높이의 공간이 필요합니다.

2 이 모양을 9×8 블록 크기의 사각형으로 확장하세요. 중앙에 블록을 추가로 설치하는 것을 잊지 마세요. 이제 비밀 도서관의 바닥을 완성했습니다.

3 다음과 같이 레드스톤 가루를 설치하세요. 레드스톤 중계기의 틱은 기본값인 1틱으로 설정하세요.

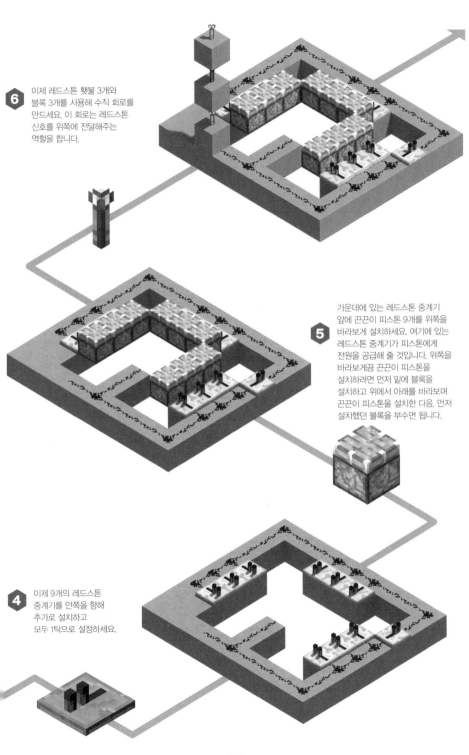

6 이제 레드스톤 횃불 3개와 블록 3개를 사용해 수직 회로를 만드세요. 이 회로는 레드스톤 신호를 위쪽에 전달해주는 역할을 합니다.

5 가운데에 있는 레드스톤 중계기 앞에 끈끈이 피스톤 9개를 위쪽을 바라보게 설치하세요. 여기에 있는 레드스톤 중계기가 피스톤에게 전원을 공급해 줄 것입니다. 위쪽을 바라보게끔 끈끈이 피스톤을 설치하려면 먼저 밑에 블록을 설치하고 위에서 아래를 바라보며 끈끈이 피스톤을 설치한 다음, 먼저 설치했던 블록을 부수면 됩니다.

4 이제 9개의 레드스톤 중계기를 안쪽을 향해 추가로 설치하고 모두 1틱으로 설정하세요.

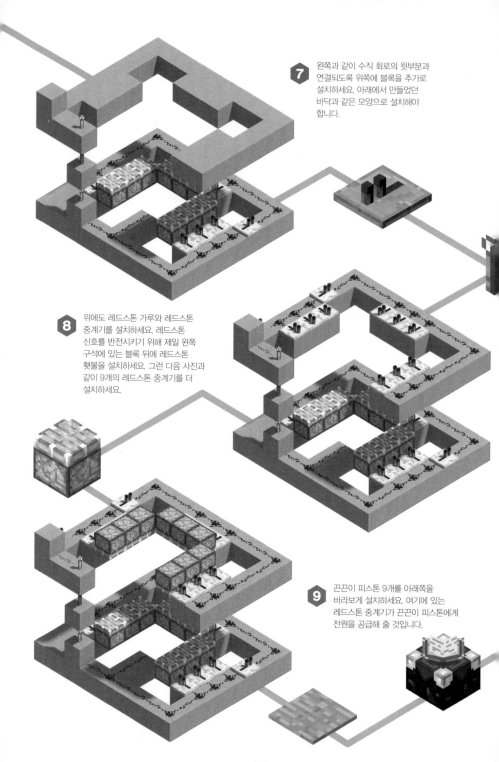

7 왼쪽과 같이 수직 회로의 윗부분과 연결되도록 위쪽에 블록을 추가로 설치하세요. 아래에서 만들었던 바닥과 같은 모양으로 설치해야 합니다.

8 위에도 레드스톤 가루와 레드스톤 중계기를 설치하세요. 레드스톤 신호를 반전시키기 위해 제일 왼쪽 구석에 있는 블록 뒤에 레드스톤 횃불을 설치하세요. 그런 다음 사진과 같이 9개의 레드스톤 중계기를 더 설치하세요.

9 끈끈이 피스톤 9개를 아래쪽을 바라보게 설치하세요. 여기에 있는 레드스톤 중계기가 끈끈이 피스톤에게 전원을 공급해 줄 것입니다.

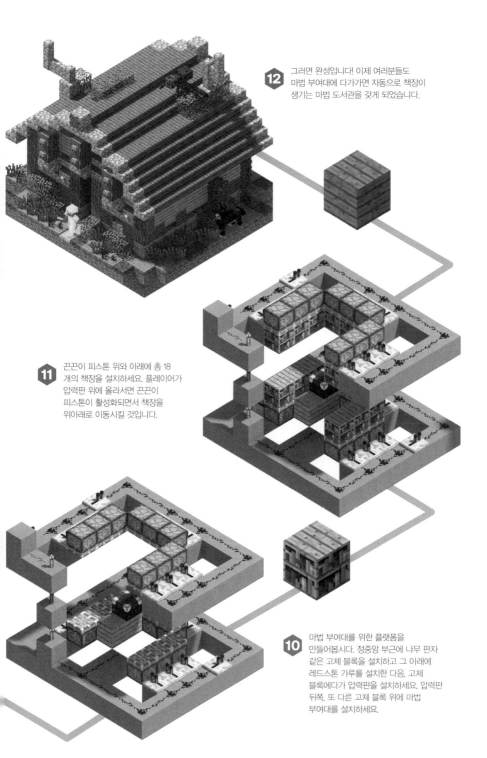

12 그러면 완성입니다! 이제 여러분들도 마법 부여대에 다가가면 자동으로 책장이 생기는 마법 도서관을 갖게 되었습니다.

11 끈끈이 피스톤 위와 아래에 총 18개의 책장을 설치하세요. 플레이어가 압력판 위에 올라서면 끈끈이 피스톤이 활성화되면서 책장을 위아래로 이동시킬 것입니다.

10 마법 부여대를 위한 플랫폼을 만들어봅시다. 정중앙 부근에 나무 판자 같은 고체 블록을 설치하고 그 아래에 레드스톤 가루를 설치한 다음, 고체 블록에다가 압력판을 설치하세요. 압력판 뒤쪽, 또 다른 고체 블록 위에 마법 부여대를 설치하세요.

덧붙이는 말

정말 복잡했습니다. 대체 누가 우주의 기본 구조를 바꿀 수도
있는 이 굉장한 힘을 다루는 것이 쉽다고 말했죠?
아무튼 여러분들도 이상하면서 비밀스럽고 정교한 마법 같은
존재들이 여러분들에게 큰 이익을 가져다 주었다는 사실에
동의하리라 믿습니다. 반짝거리는 장비들이 강력한 폭발로부터,
가시 마법이 부여된 갑옷이 무시무시한 몬스터들로부터, 물약이
어둠 속으로부터 여러분을 도와주었습니다. 여러 위험한 상황
속에서 마법과 물약이 여러분들에게 큰 도움을 줄 수 있다는 것을
알게 되었으면 좋겠습니다.
끝으로 명함에 있는 '마법사'라는 호칭, 꽤 잘 어울리네요.

마시 데이비스(MARSH DAVIES)
모장(MOJANG) 팀